HELMUT ZÖPFL · WALTER RUPP

Gute Gedanken zum Tag

HELMUT ZÖPFL · WALTER RUPP

Gute Gedanken zum Tag

BAYERLAND

Dem Intendanten
des Bayerischen Rundfunks,
Herrn Ulrich Wilhelm,
gewidmet

Unser gesamtes lieferbares Programm und Informationen
über Neuerscheinungen finden Sie unter www.bayerland.de

Verlag und Gesamtherstellung:
Druckerei und Verlagsanstalt »Bayerland« GmbH
85221 Dachau, Konrad-Adenauer-Straße 19

Titelillustration: »Durchblick vom Hofgartentor auf die Theatinerkirche
zu München« von Hermut K. Geipel

Printed in Germany · ISBN 978-3-89251-475-6

Vorwort des Verlages

Einer Umfrage zufolge verbringen die Menschen in unserer Kultur durchschnittlich gerade einmal rund dreißig Minuten pro Tag mit echten Glücksgefühlen! Den Rest der Zeit haben sie eher neutrale oder sogar schlechte Gefühle. Das ist ein Umstand, der traurig stimmen könnte. Selbstverständlich sind Kummer oder Krankheit sehr belastend und lassen sich nicht einfach beiseite schieben. Doch mitunter kann man sich auch gegen negative Einflüsse von außen nicht abschirmen – sei es, dass man mit einem grantigen Kollegen zu tun hat, einen unangenehmen Zwischenfall erlebt oder sich mit belastenden Aufgaben konfrontiert sieht. Dann liegt es an einem selbst, nach Möglichkeiten zu suchen, die seelische Balance wiederherzustellen oder – noch besser – die Waage zur positiven Seite hin ausschlagen zu lassen.

Eine Hilfe dabei können die Texte in diesem Buch sein. Sie sind von zwei Autoren verfasst, denen es immer schon ein Anliegen war, sich um ihre Mitmenschen zu bekümmern: Walter Rupp, 1926 in Würzburg geboren, war Studentenseelsorger und Leiter des Akademiker-Centrums München. Er ist Jesuit und befasst sich in seinen zahlreichen Publikationen vor allem mit zeitgeschichtlichen Themen.

Helmut Zöpfl, geborener Münchner (Jahrgang 1937), war Professor für Schulpädagogik. In seinen erfolgreichen Büchern gibt er humorvoll verpackte Lebensweisheiten und Erziehungshilfen weiter.

Aus dem reichen Fundus ihrer Texte eine sinnige Auswahl zusammenzustellen, war für den Verlag eine schwierige, doch gleichwohl beglückende Aufgabe. Denn wenn auch beide Autoren mit unterschiedlichen Stimmen zu uns sprechen, der Grundtenor ist derselbe: uns gute Gedanken für den Tag mitzugeben. Wir freuen uns sehr, unsere Leser an diesem Geschenk teilhaben lassen zu können.

Ihr Bayerland-Team

Da sein

Viele, vor allem gerade auch Rentner, beginnen ihren Tag mit der Überlegung, was es wohl heute alles zu tun gilt, welche Tageseinteilung man vornehmen soll, damit man den Tag richtig nutzt. Seine Zeit zu nutzen und sich darüber Gedanken zu machen, welche Termine wohl den Tag bestimmen, kann eine durchaus sinnvolle Angelegenheit sein, wenn man gleichzeitig dafür Sorge trägt, dass die Termine nicht unser ganzes Heute bestimmen. Das Jagen von dem einen zum anderen Termin, die Angst etwas zu versäumen, wenn man nicht möglichst viel wahrnimmt, führt oft dazu, dass wir Zeit verlieren, indem wir sie ständig ergreifen wollen. Da gibt es doch den alten lateinischen Spruch: »Carpe diem«. Der meint aber etwas ganz anderes, wie ich glaube. Er bedeutet wohl nicht, den Tag vollzupacken, sondern eher sich offenzuhalten für das, was ein Tag bringen kann und mag. Da zu sein bedeutet nicht, bei allem nur Möglichen dabei sein zu müssen, sondern auch Freude an der Gegenwart zu haben, nicht in Gedanken schon wieder woanders zu sein. Dazu kommt mir immer wieder eine bestimmte Geschichte in den Sinn: Ein westlicher Geschäftsmann fragt einen weisen Asiaten nach seinem Lebensgeheimnis. Der sagt: »Wenn ich sitze, sitze ich. Wenn ich aufstehe, stehe ich auf. Und wenn ich gehe, gehe ich.« Der erstere meint: »Aber das mache ich doch auch. Ich sitze, wenn ich sitze. Ich stehe auf, wenn ich aufstehe. Und ich gehe, wenn ich gehe.« – »Nein«, erwidert der Weise, »ich sitze, wenn ich sitze. Du aber stehst dabei schon auf. Im Aufstehen gehst du schon. Und kommst du an, gehst du bereits wieder. Du bist eigentlich nie da.«
Ist es nicht schön, dass uns jeder neue Tag immer wieder die Gelegenheit gibt, ganz und gar einfach da zu sein und in diesem »da« ein wenig aufgehen zu dürfen?

Helmut Zöpfl

Wachsamkeit

Aufwecken ist leicht, aber wach machen ist schwer. Um jemand aufzuwecken, reicht es aus, einen Wecker zu stellen, Lärm zu machen, ihn wachzurütteln oder ihn – sollte er ein hartnäckiger Schläfer sein –, mit Wasser zu bespritzen. Doch wer aufgeweckt wurde, ist – auch wenn er die Augen aufgetan hat – noch nicht wach. Wie häufig stehen wir morgens auf und träumen noch eine Zeitlang den nächtlichen Traum weiter oder beginnen mit Tagträumen. Wie oft setzen wir uns an den Kaffeetisch, sind noch nicht da und tasten uns langsam, durch Gespräche oder Zeitunglesen, an den Tag heran und das, was auf uns zukommt. Viele Menschen sind auf nur wenige Dinge fixiert und lassen ihren Wahrnehmungshorizont verkümmern: Sie sehen nicht, dass da ein Kollege, mit dem sie zusammenarbeiten, Probleme hat, über die er einmal mit jemand sprechen möchte; sie merken vielleicht nicht einmal, dass ein Familienangehöriger oder ein Nachbar leidet, und ahnen nichts von der Gefahr, in der sie selbst stecken. Ihre Augen sind wie die der Emmausjünger gehalten, sodass sie den neben sich nicht erkennen und das, was um sie herum geschieht, nur schemenhaft wahrnehmen. Es kann oft lange dauern, bis uns die Augen aufgehen.

In jedem von uns schlummern ungezählte Möglichkeiten und Talente, die wir nie wecken. Wir scheinen wenig Wert darauf zu legen, hellwach zu sein und nicht wie Schlafwandler durchs Leben zu taumeln.

Walter Rupp

Vom Grüßen

Ich freue mich immer, wenn mir zu Beginn des Tages ein »schöner guter Morgen« gewünscht wird. Apropos Grüßen. Haben Sie schon einmal darüber nachgedacht, dass diese Gepflogenheit eng mit der Kultur eines Volkes zusammenhängt? Grüßen, das bedeutet vor allem, »jemand etwas wünschen«, im Lateinischen heißt es sogar »salutare«, das bedeutet Gesundheit und Wohlbefinden wünschen. Im Französischen, Italienischen und Spanischen taucht das Wort »salus« (gleich Gesundheit) noch immer auf. Selbst wenn da und dort eine Begrüßung zur Floskel werden mag, ich freue mich immer, wenn ich beispielsweise bei gelegentlichen Schulbesuchen von den Kindern schon beim Eingang begrüßt werde. Grüßen ist zunächst eine Form der Beachtung, man nimmt den anderen als Person wahr und heißt ihn willkommen. Schön ist es, wenn man da und dort merkt, dass so ein Gruß von Herzen kommt, wenn er etwa mit einem Lächeln ausgesprochen wird.
Je kleiner der Ort, desto größer ist die Chance, gegrüßt zu werden. In der Anonymität der Großstadt ist es selbstverständlich anders. Niemand erwartet, dass man beim Einsteigen in die U-Bahn vielleicht noch mit Handschlag begrüßt wird. Manchmal bekommt man aber doch einen wohlwollenden Blick zugeworfen oder bildet es sich zumindest ein. Ich versuche hin und wieder, beim Betreten eines Aufzuges ein »Grüß Gott« zu sagen, auch wenn ich manchmal ganz erstaunt angeschaut werde. Vielleicht sollten wir nicht zu viel Angst haben, dass ein Blick oder ein Gruß gleich als billige Anmache verstanden wird.
Eigentlich habe ich immer die Hoffnung, dass ein freundliches »Guten Morgen, ich wünsche einen guten Tag« da und dort eine kleine Nachwirkung hat und dieser Gruß im Laufe des Tages immer weitergegeben wird – und vielleicht sogar zu mir zurückkommt.

Helmut Zöpfl

Kettenreaktion

Der Steinzeitmensch konnte sich, sooft er dazu Lust verspürte, Wutanfälle leisten. Um ihn herum war Platz. Wir »Spät-Neandertaler« aber müssen uns, weil wir so eng zusammenleben, stets zusammennehmen und in unseren hellhörigen Wohnungen oft sogar das Klavierspiel oder das Husten unterdrücken. In unseren Regionen gibt es auch die Palmen, auf die Urwaldbewohner nach einem Ärger steigen können, nicht. Wir müssen in Entspannungsübungen, in sportlicher Betätigung oder in Gesprächen das seelische Gleichgewicht zurückgewinnen.
Schon gleich am Morgen, kurz nach dem Erwachen, fädelt jeder den Verlauf des Tages ein. Mit dem ersten Wort, das einer äußert, gibt er den Grundton an für eine miese oder heitere Stimmung; mit seiner ersten Geste macht er deutlich, wie er sich heute verhalten will; und mit der ersten Handlung, dem polternden oder gelassenen Heranziehen des Stuhles an den Kaffeetisch, signalisiert er seiner Umgebung, was heute von ihm zu erwarten ist. Es ist nicht gleichgültig, wie einer seinen Tag beginnt. Fängt er mit einer schlechten Laune an, wird er diese schlechte Laune an andere weitergeben: an die Familienangehörigen; an die, die ihm beim Verlassen des Hauses oder im Bus begegnen, und an die Mitarbeiter im Betrieb. Der schlecht gelaunte Lehrer wird seine Kollegen und die Kinder seiner Klasse in eine schlechte Laune bringen. Die vierundzwanzig Kinder seiner Klasse werden nach Schulschluss die schlechte Stimmung mit nach Hause nehmen und vierundzwanzig Väter, Mütter und Geschwister infizieren. Sie werden die Missstimmung multiplizieren, sodass bis zum Abend ganze Häuserblocks schlechter Laune sind. Wie der Stein, den man ins Wasser wirft, eine Welle nach der anderen verursacht, lösen wir mit jeder Handlung Kettenreaktionen aus. Alle negativen oder positiven Taten wirken weiter und vermehren sich. Wer den Tag froh gestimmt beginnt, stellt die Weichen, dass die Umwelt seinen Frohsinn übernimmt.

Walter Rupp

Morgensport

Für heute habe ich mir bei dem kleinen Frühsport, den ich nach jedem Aufwachen und Aufstehen betreibe, vorgenommen, während des ganzen Tages weitere Sportübungen zu versuchen:

Mit guter Laune in den Tag zu starten. Freundliche Blicke wie einen Ball aufzufangen und sie wie einen Staffelstab weiterzugeben. Die kleinen und doch oft so ärgerlichen Hürden mit Elan zu nehmen. Wenn es sein muss, auch gegen den Strom zu schwimmen. Mich schon gegen den Anflug einer schlechten Laune zu stemmen. Zwischendrin einmal eine kleine Halbzeitpause einzulegen. Dabei ein paar Lockerungsübungen zu machen, indem ich mir vergegenwärtige, dass ich mich immer wieder zu wichtig nehme. Etwas Schwung für den Rest des Tages zu holen, damit ich mich gegen eine drohende Resignation durchringe. Vor allem aber immer wieder Teamgeist zu zeigen und zu erleben, dass man eventuelle Niederlagen zusammen mit anderen besser ertragen kann, gemeinsame Glückserlebnisse aber noch schöner sein können, als wenn man Glück nur allein erfährt. Den Ausklang eines solchen sportlichen Tages genauso zu genießen wie früher den Schlusspfiff des Schiedsrichters, nach dem man sich auf den erfrischenden Schluck Limo und die Brotzeit so gefreut hat.

Sportlich ist es da am schönsten, wo es nicht um einen übertriebenen Leistungsstress geht, sondern das Spielerische im Vordergrund steht. Wie haben wir früher in dem Lied: »Nehmt Abschied, Brüder« gesungen: »Das Leben ist ein Spiel. Und wer es recht zu spielen weiß, gelangt ans große Ziel.«

Ich wünsche Ihnen in diesem Sinne einen sportlich-spielerischen Tag und einen beschaulichen Ausklang desselben.

Helmut Zöpfl

Leben

Rainer Maria Rilke wurde in seinem achtundzwanzigsten Lebensjahr eines Morgens von dem Gedanken wachgerüttelt, er habe eigentlich noch nicht gelebt. »Ist es möglich«, denkt es in ihm, »dass man noch nichts Wirkliches und Wichtiges gesehen, erkannt und gesagt hat und an der Oberfläche des Lebens geblieben ist?« Dieses Erschrecken sollte uns wachrütteln und zwingen, darüber nachzudenken, ob wir falschen Bedürfnissen nachjagen. Wir sollten uns vor der Öde und Verkümmerung des Lebens hüten. Jeder, dem etwas an einem geglückten Leben liegt, sollte leben, als müsste er täglich sterben, und arbeiten, als dürfte er ewig leben.

Unsere Zeit hat den Begriff »Lebensqualität« erfunden. Viele setzen Lebensqualität mit Wohlstand gleich: mit dem Angebot von Waren, Krankenbetten oder Kindergartenplätzen, mit Weiterbildung, Studienförderung, bezahltem Urlaub und sozialer Sicherheit. Viele meinen, Glücksgefühle ließen sich steigern, indem man den Konsum anhebt, die Freizeitmöglichkeiten ausdehnt und seinen Erlebnishunger mit immer neuen Reizen stillt.

Von einer Lust zu leben merkt man heute bei den meisten wenig, eher etwas von der Mühe, das Leben täglich anzunehmen. Viele haben das Gefühl, dass es ein Unglück ist, zu leben, es aber ein noch größeres Unglück wäre, nicht zu leben. Tatsache ist jedoch, dass mit dem Wohlstand Lebensüberdruss und Unbehagen wachsen. Trotz Wohlstand und trotz einer hoch entwickelten Vergnügungsindustrie ist es nicht gelungen, die Menschen unserer Zeit glücklicher zu machen. Sie haben ihren Lebensstandard wohl verbessert, ihr Leben aber verschlechtert. Zufrieden kann nur werden, wer begriffen hat, dass leben zu dürfen mehr wert ist als jeder andere Besitz. Wir Menschen sind schon durch unser Dasein reich. Um das zu entdecken, muss man allerdings seine Augen auftun.

Walter Rupp

Das Ding

Auf meinem Abreißkalender steht heute der alte Spruch »Gut Ding braucht Weile«. Ich überlege, was mir dieser Spruch eigentlich sagen will. Ja, wohl vor allem, dass ich mir Zeit lassen soll, wenn ich etwas gut machen will, oder aber auch, dass ich Geduld brauche, um abzuwarten, bis sich etwas entsprechend entwickelt.

Aber was ist denn das »Ding« überhaupt genau? Wie oft gebrauchen wir dieses Wort, vor allem oft dann, wenn uns etwas nicht gleich einfällt. Ich habe zu meinem letzten runden Geburtstag festgestellt, dass ich mein Alter nicht zuletzt daran erkenne, dass ich statt des entsprechenden Namens immer häufiger einen oder eine gewisse »Ding« bemühe. »Ah ja, der ›Ding‹ war's, den wo ich in ›Dings‹ kennengelernt habe. Der ist doch mit der ›Ding‹ verheiratet.«

Im Lateinischen spielt die Übersetzung von Ding eine wichtige Rolle, die »res«: res publica = der Staat, res futura = die Zukunft. Wir können diese »res« aber auch mit »Angelegenheit« übersetzen. Das ist etwas mehr als ein einfaches Ding, das uns irgendwo begegnet. Es ist etwas, das uns angelegen sein sollte, um das wir uns kümmern sollten. Dann werden die Dinge zu unserer persönlichen Aufgabe.

Entsprechend sagt Carl Gustav Jung: »Viele Dinge könnten anders sein, wenn wir selber anders wären.« Es kommt also nicht zuletzt auf unsere Betrachtungsweise an, wie wir die Dinge sehen oder sehen wollen. Das wird deutlich an dem schönen Spruch: »Ärgere dich nicht, dass der Rosenstrauch Dornen trägt, sondern freue dich, dass ein Dornenstrauch Rosen trägt.« Man sieht, der Rosenstrauch ist dasselbe »Ding«, aber wir können ihn auch unter ganz bestimmten Aspekten betrachten und uns ärgern oder freuen. »Klug ist man«, sagt wieder ein Spruch, »wenn man merkt, dass alle Dinge zwei Seiten haben, aber weise ist man, wenn man ahnt, dass es sogar noch eine weitere Seite gibt.«

Sehr schön hat es Therese von Lisieux ausgedrückt, die meint, dass die Freude nicht in den Dingen allein liegt, sondern im Innersten unserer Seele begründet ist. Jeder neue Tag gibt uns eine neue Chance, die »Dinge«, die uns begegnen, ein wenig besser werden zu lassen. Und da gibt es wieder einen schönen Spruch: »Man soll die Dinge nehmen, wie sie kommen, aber man soll dafür sorgen, dass die Dinge so kommen, wie man sie nehmen sollte.«

Von wem dieser Spruch stammt? Das ist doch der Ding, der Ding … Er ist zwar nicht der Schutzheilige für Vergesslichkeit, aber er hilft, Verlegtes oder Verlorenes wiederzufinden, also doch wohl auch etwas, das im Gedächtnis »verlegt« worden ist. Ah, jetzt fällt's mir ein: der heilige Antonius ist's, der heilige Antonius aus Dings, aus … Ja, Sie wissen schon, woher.

Helmut Zöpfl

Internet

Auch das Internet hat seit 2001 einen Schutzpatron: den um 623 lebenden spanischen Bischof Isidor von Sevilla, einen der bedeutendsten Schriftsteller des Frühmittelalters. Lernwillig sammelte und ordnete er das noch verfügbare antike Wissen, das ohne ihn weithin verloren gegangen wäre. Er befasste sich nicht nur mit Bibelexegese, sondern darüber hinaus – was man von einem Bischof nicht erwartet – mit sehr unterschiedlichen Wissensgebieten. Der gelehrte Mann klärte seine Zeit auf über Berge, Meere und Flüsse, Erdbeben, Mond- und Sonnenfinsternisse, über Metalle, über das Handwerk und den Landbau. Sein Werk hatte einen enormen Einfluss auf die nachfolgenden Generationen und seine kosmografischen Ausführungen über die Berge, über Ozeane, Meere, Meerbusen und Gewässer übten einen nachhaltigen Einfluss auf die mittelalterliche Kartografie aus. Seine Schriften – auf Latein verfasst – wurden schon bald in andere Sprachen übersetzt. Sie wurden massenhaft kopiert und galten über Jahrhunderte in akademischen Kreisen als Bestseller. Isidor legte das Fundament für jede höhere Bildung im Mittelalter, weil er als Erfinder zum Fortschritt beim Wasser- und Mühlenbau, bei der Erzsuche, dem Bergbau und der Eisenproduktion beigetragen hat.
Der Schutzpatron des Internets hat die Latte hoch gelegt und zur Vertiefung und Erweiterung des Wissens wie kaum ein anderer beigetragen. Man kann nur hoffen, dass sich die »Macher« des Internets sein Beispiel stets vor Augen halten.

Walter Rupp

Ansichtssache

Zur Faschingszeit erinnere ich mich öfter an eine Zeichnung des einmaligen Ernst Hürlimann: An der Bushaltestelle stehen in aller Herrgottsfrüh zwei Gestalten; ein sportlicher Mann, der mit seinen Skiern in die Berge fahren will, und ein noch maskierter Ballbesucher, der reichlich verspätet seinen Heimweg antritt. Beide schauen einander verständnislos an und tippen sich an die Stirn. Man sieht daran: vieles ist halt Ansichtssache. Noch eine Geschichte: Am Rande einer kleinen Wiese sitzen zwei Rentner und schauen ein paar Kindern beim Fußballspielen zu. Nach einer Zeit meint der eine zum anderen. »Schau dir die Kinder an, die laufen schon zwei Stunden in einer Tour. Nicht einmal ein paar Minuten würde ich das schaffen. Respekt!« Gleichzeitig sagt ein Bub zum andern: »Siehst du die zwei alten Männer auf ihrem Bankerl? Die sitzen schon seit ewiger Zeit still da. Keine zehn Minuten würde ich das aushalten. Respekt!« Es kommt eben auf den Standort des Betrachters an, wie man etwas sieht und bewertet. Ohne der Standpunktlosigkeit das Wort reden zu wollen, ist es vielleicht ganz gut, etwas auch einmal von anderer Warte aus zu betrachten. Da gibt es das schöne indianische Sprichwort, dass man über den anderen nicht urteilen sollte, bevor man nicht einige Meilen in seinen Mokassins gegangen ist, also nachempfunden hat, wo den Betreffenden denn eventuell der Schuh drückt.

Was aber noch mal das Thema Ansichtssache betrifft: Wie langweilig wäre unsere Welt, wenn wir alle dieselbe Ansicht hätten. Lebendige Gespräche sind nur da möglich, wo es verschiedene Meinungen gibt, es also zu einem Meinungsaustausch kommt. Das beste Unterhaltungsprogramm ist immer noch, dass man sich unterhält. In diesem Sinne wünsche ich Ihnen heute die eine oder andere gute Unterhaltung.

Helmut Zöpfl

15

Menschen

Ein kleiner Vorschlag: Sollten Sie heute verschiedenen Menschen begegnen, dann machen Sie doch mal ein lustiges Beobachtungsspiel. Natürlich ist der Münchner Marienplatz besonders geeignet, die Menschen aus aller Herren Länder zu beobachten, die da im Café sitzen, das Glockenspiel betrachten, die in die U-Bahn hasten oder aus ihr herausströmen. Ich habe es schon als Kind genossen, festzustellen, wie verschieden doch Menschen ausschauen können, auch Leute aus dem eigenen kleinen Ort. Große, Kleine, Dicke, Dünne, Freundliche, etwas grantiger Dreinschauende, Junge, Alte, Leute, die rennen, als müssten sie den gestrigen Tag zurückholen, Gemütliche, die sich Zeit lassen und sogar noch spazieren gehen. Leute, die immer den Mund aufhaben müssen, die sogenannten »Gschnappigen«, oder die Stilleren, die »Staaden«. Sicher sind auch ein paar dabei, die vielleicht schon mit ihrer Kleidung von der Norm abweichen, bei denen uns der Begriff »ein bisserl gspinnert« in den Sinn kommt, wo wir aber bei genauerer Betrachtung sogar etwas Originelles entdecken. Freuen wir uns doch einmal ohne schnelle Vorurteile einfach darüber, dass diese Vielfalt der Menschen bedeutet: Die Welt ist bunt. Für mich ist ein solches Bild wesentlich erfreulicher, als würden sie alle uniformiert im Gleichschritt dahermarschieren. So kann man bei einer kurzen Betrachtungsspanne auf die banale, aber doch treffende Feststellung von Carlo Sölch kommen: »Die Menschen sind schon seltene Leut.« – »Aber«, so meint derselbe im Anschluss daran: »auch wenn die Menschen noch so unterschiedlich sein mögen, sollten wir uns schon aus dem Grund zufrieden mit den Menschen geben, weil wir keine anderen haben.«

Helmut Zöpfl

Gesichter

Es gibt so viele Gesichter, wie es Menschen gibt, aber keines gleicht einem anderen. Jedes hat die ihm eigenen Züge. Es gibt das schöne, aber langweilige, und das vom Leben gezeichnete, aber interessante Gesicht. Es gibt das Vertrauen erweckende Gesicht mit den strahlenden Augen, von denen man sich gern ein Stück Frohsinn mitnimmt; und das Gesicht mit den trüben, müden Augen. Es gibt Gesichter mit der hohen Stirn, hinter der kühne Gedanken lauern; mit den Falten, in denen sich Misstrauen versteckt; mit der kantigen, scharfen Nase, die Spürsinn verrät, oder mit den zusammengekniffenen Lippen, denen man anmerkt, dass sie Äußerungen nur ungern unterdrücken. Es gibt das Gesicht mit den hochgezogenen oder den tief herabhängenden Augenbrauen; das verschmitzte Gesicht, das Sinn für Humor und Witz ausdrückt, und das erstarrte, leblose Gesicht, das wie eine Uhr bei irgendeinem Ereignis plötzlich stehengeblieben zu sein scheint. Gesichter sind ungeschützt. In ihnen drückt sich die Eigenart und der Charakter eines Menschen aus. Wer in das Gesicht eines Menschen blickt, schaut in seine Seele. Das ist wohl der Grund, weshalb mancher krampfhaft versucht, sich hinter einer Maske zu verstecken.

Heute kommt es vor, dass bildhübsche Mädchen einen kosmetischen Chirurgen mit dem Wunsch aufsuchen: »Ich möchte aussehen wie die!«, und ihm das Foto eines Models zeigen. Aussehen wollen wie eine andere heißt, nicht sein wollen wie man von Natur aus ist. Es bedeutet, seine Originalität und Individualität zu verachten. Gesichter gleichen Tagebüchern, in die das Leben alle Ereignisse hineinschreibt: Erfolge oder Misserfolge, Hoffnungen, Enttäuschungen und Leiden. Gesichter sind die einzig wahren Biografien und die einzigen Memoiren, die nicht lügen, weil es nicht mehr möglich ist, die Linien herauszuradieren, die das Leben eingraviert hat.

Walter Rupp

17

Bestimmung

Kürzlich hat mich nach einem Vortrag eine ältere Dame angesprochen und mir erzählt, dass sie meinen Vater als Trainer im Turnverein in Ingolstadt gehabt habe. Dann fragte sie mich, ob ich eigentlich wisse, warum mein Vater danach von Ingolstadt weggezogen sei. Ich wusste es nicht. Nun erzählte sie mir, dass mein Vater um ihre Schwester angehalten habe, ihr Vater sei dagegen gewesen und das habe den jungen Mann offensichtlich so verärgert, dass er seiner Heimatstadt den Rücken kehrte.

Erst bei der Heimfahrt habe ich genauer über diese Mitteilung nachgedacht und mir überlegt, dass ich diesem unbekannten Herrn aufgrund seiner sturen Haltung meinem Vater gegenüber eigentlich unendlich viel verdanke, denn sonst wäre dieser wohl kaum nach München gezogen, wo er dann meine Mutter kennengelernt hat. Dabei ist mir wieder einmal deutlich geworden, welche oft ganz kleinen Ereignisse, Begegnungen und Entscheidungen schon lange Zeit vor unserer Geburt über unser Leben entschieden haben. Jostein Gaarder, der Autor von »Sophies Welt« ist diesem Gedanken ebenfalls nachgegangen, wenn er öfter darauf aufmerksam macht, welch ein Wunder jedes einzelne Leben ist, dass wir alle Vorfahren hatten, die selbst in Zeiten von Krieg, Seuchen und anderen Katastrophen den Staffelstab des Lebens immer weitergegeben haben, bis er dann bei unseren Eltern und schließlich bei uns gelandet ist. Wenn man bedenkt, was alles hätte dazwischenkommen können! Oft haben Minuten, ja Sekunden darüber entschieden, dass wir das Leben geschenkt bekommen haben. Wir können es Zufall oder Bestimmung, Schicksal nennen, ich jedenfalls betrachte es als ein Glück, dass es so gekommen ist. Und das ist, meine ich, doch auch außerhalb der Geburtstage ein Grund zu feiern.

Helmut Zöpfl

Original

Der Mensch mag in milliardenfachen Exemplaren existieren und einem anderen Menschen noch so frappierend und zum Verwechseln ähnlich sein, sicher ist: Es gab nie einen und wird nie einen Menschen geben, der genauso ist wie schon einmal ein anderer war. Jeder, der in diese Welt eintritt, bringt ein Erbgut mit, das nur ihm mitgegeben wurde. Jeder wird in eine bestimmte Umwelt hineingestellt, die ihn prägt, und jeder erlebt sein eigenes Lebensschicksal, das ihn zu dieser unverwechselbaren, nicht austauschbaren, einmaligen Persönlichkeit macht.

Unerklärlich bleibt, weshalb sich mancher, aller Vernunft zum Trotz, gegen diese wunderbare Tatsache nach Kräften stemmt. Statt sich über seine Individualität zu freuen, hat er sich in den Kopf gesetzt, wie ein anderer zu sein. Er wünscht sich vielleicht nicht dessen Nase, aber doch ein ähnliches Profil. Er möchte so überzeugend wie dieser andere reden, ebenso erfolgreich sein und ebenso gewandt auftreten können. Er giert so sehr danach, bis er schließlich nicht mehr merkt, wie er dessen Gehabe äffisch imitiert und sich deswegen um die Züge, die zu ihm passen, nicht bemüht. Um wie dieser andere sein zu können, steigert er sich sogar in einen irrationalen Selbsthass hinein, wertet die ihm von Natur geschenkten Gaben ab und bekämpft sie. Er will nicht – weil er sie negativ sieht –, dass sie sich entfalten, und ruht nicht eher, bis das an ihm Liebenswerte, das, was verdient hätte, gepflegt zu werden, gänzlich verkümmert ist. Am Ende mag er sich selbst nicht mehr und kann doch der von ihm beneidete andere nicht werden, höchstens eine schlecht gelungene Kopie, eine Zwittergestalt, die etwas Eigenes und Fremdes an sich hat, eine in jeder Hinsicht bemitleidenswerte und lächerliche Kreatur.

Walter Rupp

Galgenhumor

»De Woch fangt ja scho gut o!«, soll der Räuber Kneißl an jenem Montag, dem 21. Februar 1902, als er hingerichtet wurde, gesagt haben. Auch wenn es historisch vielleicht nicht ganz stimmt, ist der Ausspruch für mich der Inbegriff von Galgenhumor. Nun, Galgenhumor braucht man nicht unbedingt, wenn vielleicht nach einem schönen Wochenende wieder einige Tage voller harter Arbeit liegen, aber möglicherweise soll man sich doch von Anfang an ein wenig jenes Öls des Humors bedienen, das bewirkt, dass etwas leichter geht, besser funktioniert. Das ist oft eine Einstellungssache, indem man nicht alles zu ernst nimmt, vor allem nicht sich selber. Bei solchen Überlegungen fällt mir immer wieder der so schöne Spruch des Bischofs Kelley ein: »Wenn du nichts mehr zu lachen hast, dann hast du immer noch dich selbst.« Es kommt wirklich oft auf den Blickwinkel an, aus dem wir etwas betrachten. Und auf den rechten Blickwinkel wirken sich merkwürdigerweise auch zusammengebissene Zähne aus. Entsprechend der Feststellung, dass man sich bemühen sollte, in unausweichlichen Situationen doch noch eine heitere Seite zu erblicken, habe ich es mir angewöhnt, immer wieder auch Groteskes zu entdecken. Schon öfter sind dann kleine Geschichten daraus entstanden. Versuchen Sie es doch einmal selbst. Sie werden sehen, eine Woche gibt immer wieder Stoff für heitere Beobachtungen her, Voraussetzung ist vielleicht aber, dass man sich ein gewisses Vertrauen bewahrt, es werde schon wieder alles gut werden. In diesem Sinne ist jeder Montag, jede neue Woche auch ein kleines neues Büchlein, das darauf wartet, dass wir die eine oder andere Seite mit einem netten bunten Bild – vielleicht ein Foto, vielleicht ein lustiger Zeichenversuch – und ein paar Anmerkungen füllen.

Helmut Zöpfl

Aphorismen

Aphoristiker gelten weithin als Sprüchemacher, als Liebhaber von Pointen, als sprunghafte Denker, Wortjongleure, Satzverstümmler, Gedankenakrobaten oder Formulierungskünstler. Und Aphorismen werden meist als originelle Einfälle, gelungene Bonmots, Gedankenspielereien und Geistesblitze oder als bloße Sophismen abgetan. Sie werden oft nicht hoch eingeschätzt. In Wahrheit ist ein Aphorismus der Versuch, mit Worten sparsam umzugehen, etwas ohne Umschweife, ohne Beiwerk, ohne Schnörkel auszusagen, und wo ein Fingerzeig genügt, auf Kommentare zu verzichten. Die Gedanken sollen für sich sprechen. Sie wollen nicht satt machen, höchstens den Geschmacksnerv reizen und den Gaumen kitzeln. Sie wollen dem Leser oder Hörer Anstoß geben, dass er weiterdenkt.
Der Aphoristiker hat etwas gegen herausgeputzte Worte, gegen klangvolle Texte und geschwollene Sätze. Er ist ein Wortasket. Er verdichtet und sucht geradlinig und schnell den Punkt. Er schätzt – mehr als üppige Menüs – köstliche und seltene Früchte. Ein Aphoristiker hat seinen Spaß daran, wenn er Worte schütteln, Sätze kneten und den Klang von Silben abklopfen kann. Er besieht sich Sprüche aus verschiedenen Perspektiven, führt Ideen weiter oder ad absurdum, stellt Gedanken quer und auf den Kopf. Aphoristiker erlauben sich respektlose Zwischenrufe, spöttische Bemerkungen, den süffisanten Einwand und das Zündeln mit dem explosiven Stoff. Sie legen sich mit Ideologen an, mit Fachidioten, Phrasendreschern, Vordenkern, Schönrednern, Neunmalklugen und Wirrköpfen. Sie möchten den Rost und Staub, der auf manchen Sätzen liegt, wegreiben, Vokabeln von ihrem ranzigen Geschmack befreien und die Nebelschwaden und den Dunst vertreiben, der die Wahrheit oft einhüllt. Sie möchten dem, der es ertragen kann, die nackte Wahrheit zeigen.

Walter Rupp

Herrgottsecke

So sehr, wie es scheinen mag, unterscheiden sich die Menschen von gestern und von heute nicht. Auch die Menschen von heute haben – wie die Bauern vergangener Jahrhunderte in ihren Stuben – in ihrem Herzen eine Herrgottsecke. Sie wollten ihm wohl einen Ehrenplatz zuweisen, haben ihn aber in Wirklichkeit dort abgestellt. Ihr Herrgott darf zuschauen, wie sie essen, beten oder Karten spielen. Sie denken auch gelegentlich an ihn: am Abend und am Wochenende. Aber im Alltag und dort, wo sie tätig sind, spielt er bei ihnen keine Rolle.

Gott gehört in unserer Welt zu dem, was weniger wichtig, oder gar zu dem, was überflüssig ist. Unsere Generation hat ihn zu einem Feiertagsgott gemacht, an den man sich in den wenigen frommen Stunden erinnert, die wir uns gönnen, und natürlich in den Situationen, in denen wir in Bedrängnis geraten sind. In der Hierarchie der Werte stehen andere Dinge obenan: die Familie, der Beruf, das Vergnügen oder die Karriere. Und viele glauben in der Tat, es sei nicht möglich, Gott und Welt miteinander in Einklang zu bringen.

Gott muss heraus aus der verschämten Herrgottsecke. Wir sollten ihn mitnehmen, wenn wir zur Arbeit gehen, ihn mitreden lassen bei unseren Gesprächen und ihn nicht zu Hause lassen, wenn wir uns erholen oder auf Reisen gehen. Der Glaube an Gott ist nicht nur dazu nütze, dass unser Leben nicht leer und sinnlos wird, nicht nur, damit wir die Orientierung nicht verlieren. Wir brauchen ihn. Er erhält die Lust am Leben.

Walter Rupp

Der Arm Gottes

Bei meinem sonntäglichen Kirchgang in der schönen neuen
Kirche in Hévíz (Ungarn), wo ich eine kleine Kur mache, habe
ich ein seltsames Kruzifix am Altar entdeckt: eine Christus-
gestalt, die ohne Arme am Kreuz hängt. Ich habe nach dem
Gottesdienst den Pfarrer nach dem Sinn gefragt und er hat mir
des Rätsels Lösung mitgeteilt: Das Ganze soll versinnbildli-
chen, dass Christus uns die Aufgabe zugewiesen hat, seine
Arme zu sein.
Ein großer Anspruch, der hier an uns ergeht. Ob wir dem auch
nur annähernd gerecht werden können? Immerhin lohnt es
sich, darüber nachzudenken, dass wir nicht nur den Auftrag
haben, die Frohbotschaft mit dem Mund weiterzugeben und
mehr oder weniger große Worte zu machen. Die Frohbotschaft des Evangeliums ist in der Tat eine Botschaft der Tat,
am besten dargestellt durch das Gleichnis des barmherzigen
Samariters. Denn da geht es nicht darum, lange darum herum-
zureden, möglicherweise eine Hilfskommission einzuberufen
oder darüber zu reflektieren, wie es dazu kommen konnte,
dass dieser Mann von den Räubern überfallen wurde. Oder
sollte man, bevor man hilft, nicht endlich Vorbeugungsmaß-
nahmen ergreifen, damit es in unserem Lande nicht mehr zu
solchen räuberischen Überfällen kommen kann? Das kann
durchaus eine wichtige Überlegung im Anschluss sein, aber
eben im Anschluss. Zunächst ist das ganz und gar Entschei-
dende: da zu sein und hinzulangen. Eines ist sicher – die feh-
lenden Arme symbolisieren nicht irgendwelche theologischen
Spintisiererereien, sondern eigentlich eine wunderbare Erkenntnis: Gott braucht uns, um dann da zu sein, wenn wir gebraucht
werden.

Helmut Zöpfl

Liebesgebot

Die Bibel unterscheidet zwischen der Gottesliebe und der Nächstenliebe. Sie verlangt nicht, dass man den Nächsten lieben soll mit ganzem Herzen, mit ganzer Seele und mit allen Kräften. Eine solche Hingabe wäre eine Überforderung für jeden, und vor allem lästig für den, der ertragen müsste, dass jeder ihn mit Liebe überschüttet. Die Forderung für die Nächstenliebe lautet: Du sollst den Nächsten lieben wie dich selbst. Voraussetzung und Maßstab ist die Eigenliebe. Ich muss mich selbst lieben, wenn ich andere lieben will. Die richtige Selbstliebe ist jedoch für viele ein Problem: Die meisten lieben sich zu viel und stellen sich über die anderen. Mancher hat jedoch Mühe, sich selbst so anzunehmen, wie er ist, weil er gern ein anderer wäre. Er hat noch nicht verstanden, dass er, wie jeder andere, ein Geschöpf Gottes ist. Auch er ist ein Nächster und der, der sich am nächsten steht.

Aber wie lieben wir uns selbst? Wer sich am Ende eines Tages die Frage stellt: Wie habe ich mich heute wieder geliebt?, wird darauf nicht leicht eine Antwort geben können. Natürlich stellt sich niemand vor einen Spiegel, um sich zu umarmen und das Spiegelbild zu küssen. Bestände die Liebe ausschließlich im Umarmen und im Küssen, dann liebten wir uns nicht. Wir lieben uns vor allem, indem wir bei allem, was wir denken oder tun, stets das wählen, wovon wir glauben, es sei zu unserem Besten. So selbstverständlich, wie wir stets das eigene Wohl im Auge haben, sollten wir auch auf das Wohl des Nächsten bedacht sein.

Walter Rupp

Das Wunder Leben

Heute genehmige ich mir zum Frühstück mal wieder ein Ei. Ein Ei ist für mich etwas Besonderes, auch wenn ich bei dem geringen Preis, das ein Huhn für seine ganze Tagesarbeit bekommt, fast ein schlechtes Gewissen habe. Das Ei ruft bei mir wunderschöne Kindheitserinnerungen hervor, an die Zeit, als wir nach dem Krieg in unserem Garten ein paar Hennen nebst Hahn gehalten haben. Noch heute weiß ich, mit welcher Freude ich das erste Ei aus dem Nest genommen habe und wie wir es uns dann abends geradezu feierlich geteilt haben. Eines der größten Wunder meiner Kindertage war aber, als eine der Hennen einige Eier ausbrütete und ich sie jeden Tag erwartungsvoll im Stall besucht habe. Als ich dann erlebte, wie das erste Küken die Eierschale aufpickte, neugierig das Licht der Welt erblickte und bald darauf mit seinen Geschwistern, den anderen »Bieberln« wie wir in Bayern sagen, umherlief, war das ein Bild des Lebens, das ich nie vergessen werde. Jedes Mal, wenn ich an die Massentierhaltung, besonders an die der Hühner denke, überkommen mich Trauer und Wut. Würden uns die paar Cent mehr wirklich arm machen, die wir bei einer artgerechten Haltung für ein Ei zahlen müssten?
Wenn ich in der Schul- und Bildungspolitik etwas zu sagen hätte, dann würde ich solche Urerlebnisse wie das Beobachten vom Ausschlüpfen eines Bieberls verbindlich machen. So etwas oder aber auch ein Urlaub auf dem Bauernhof bringen für das spätere Leben viele Erlebnisse und Bilder, mehr als die meisten Fernreisen. Aber wie für die Eier gilt halt manchmal auch für den Urlaub: Was (fast) nichts kostet, ist nichts wert. Wetten, dass wir uns eine Menge Geld für irgendwelche überpsychologisierten Projekte sparen könnten, wenn wir die Verantwortung für die Schöpfung an dem Wunder Leben erleben ließen.
Wer einmal das Wunder Leben an einem Ei erfahren hat, wird Eier nicht einfach achtlos in die Pfanne hauen.

Helmut Zöpfl

Die Bienen

Die frühen Christen verharrten ihrer heidnischen Umwelt gegenüber in schroffer Ablehnung. Sie hielten alles, was das Heidentum hervorgebracht hatte, für verwerflich. Ihre Haltung war eine Art Notwehr. Sie spürten, dass sie Zeit brauchten für ihre Festigung im Glauben. Mit dieser Einstellung, die viele Jahrhunderte hindurch vorherrschend war, brach der Kirchenlehrer Basilius Ende des 4. Jahrhunderts. Er erkannte zum ersten Mal, dass in den Werken des Altertums Schätze an Weisheit verborgen liegen, aus denen ein Christ Nutzen ziehen kann. Aus dieser Einsicht heraus forderte er in einer Rede die Jünglinge auf: Sie sollten es mit der heidnischen Philosophie und Literatur halten wie die Bienen, die nur aus den Blumen holen, was für sie geeignet ist.

Diese Sichtweise leitete eine Wende ein. Sie gab den Anstoß, das, was das Heidentum hervorbrachte, positiver zu sehen. Das Christentum begann allmählich zu erkennen, dass es das Böse, das nicht auch einen guten Kern enthält, nicht gibt, ja, dass im Heidentum Elemente stecken können, die menschlich, vielleicht sogar christlich sind, und dass Christen von Nichtchristen lernen können. Es erkannte, dass es besser ist, in den heidnischen Werken – anstatt sie zu verteufeln – nach dem zu suchen, was man taufen kann. Das zu erkennen, setzt allerdings eine Unterscheidungsfähigkeit voraus. Es ist ein Verdienst der mittelalterlichen Theologen, dass sie es fertigbrachten, das Christentum mit dem Gedankengut der Antike zu befruchten. Die modernen Theologen, die oft hilflos zusehen, wie man christliches Gedankengut säkularisiert, sollten alles daran setzen, diese Kunst, wie man das Profane christianisiert und in das Christentum integriert, wieder zu erlernen.

Walter Rupp

Maienblüte

»Im Galarock des heiteren Verschwenders, / ein Blütenzepter in der schmalen Hand, / fährt nun der Mai, der Mozart des Kalenders, / aus seiner Kutsche grüßend, über Land. // Es überblüht sich, er braucht nur zu winken. / Er winkt! Und rollt durch einen Farbenhain. (…)«

Diese Zeilen des wunderschönen Mai-Gedichtes von Erich Kästner haben nun wieder überall Gestalt angenommen. Ich nehme mir die Zeit, setze mich in eine Anlage und betrachte nur einen einzigen rosablühenden Strauch und dann ganz gezielt das Wunder einer einzigen Blüte. Das Glück des Augenblicks wird mir selten so kund wie dann, wenn die Welt in voller Blüte steht.

Im wahrsten Sinn des Wortes geht hier der Sinn auf. Wie töricht wäre es, dieses Blühen nur als Durchgangsstufe für die spätere Frucht, die Ernte etwa in Form der Kirschen zu betrachten, auch wenn ich mich noch so über sie freuen mag. Blüte ist nicht nur Vorform, es ist etwas ganz und gar Eigenes, ein Aufblitzen des Sinnes, der Schönheit im Vergänglichen.

»Alles hat seine Zeit«, heißt es im Buch Salomon. Vielleicht sollten manche Pädagogen daran denken, wenn sie die Kindheit lediglich als Vorform des Erwachsenseins betrachten.

So wichtig ein Blick in die Zukunft sein mag, so entscheidend ist aber auch, dass wir der Gegenwart, dem Augenblick sein Recht lassen und versuchen, in diesem selber aufzugehen, indem wir uns ganz einfach freuen, nicht zuletzt darüber, dass wir Augen und Ohren geschenkt bekommen haben, die Schönheit wahrzunehmen. Die bayerische Verfassung hat es sogar als Anliegen formuliert: »Aufgeschlossenheit dem Wahren, Guten und Schönen gegenüber«, heißt es da. Also, beweisen Sie doch Ihre Verfassungstreue, indem Sie sich uneingeschränkt der Schönheit eines herrlichen Maientages öffnen.

Helmut Zöpfl

Frohsinn

Der Schriftsteller Karl Kraus notierte in sein Tagebuch den Satz: »Man muss oft erst nachdenken, worüber man sich freut, aber man weiß immer, worüber man traurig ist.« Fast alle Menschen glauben, für den Frohsinn keine, und für die Trauer viele Gründe zu haben, und sind jederzeit geneigt, die eintönige Melodie ihrer Klagelieder anzustimmen: das Klagelied von der schlimmen Zeit, den widrigen Verhältnissen oder den Krankheiten, die sie zu bestehen haben; und das Klagelied von der geringen Anerkennung und dem Unverständnis, das man ihnen gegenüber zeigt

Man kann sich des Eindrucks nicht erwehren, sooft man die Gespräche der Menschen anhört, dass das Schöne, das, was glücklich und zufrieden macht, nicht vorkommt. Gerade da, wo Überfluss und Wohlstand herrschen, und gerade bei denen, die zu den Bevorzugten gehören, sind Zufriedenheit und Frohsinn auffallend selten anzutreffen. Mit dem Wohlstand scheint die Unzufriedenheit zu steigen. Konsum und materielle Güter scheinen Missmut und düstere Stimmungen hervorzurufen. Nicht einmal die moderne Vergnügungsindustrie hat es mit ihren überreichen Angeboten geschafft, die Menschen zufriedener zu machen. Sie kann es nicht, weil das Zufriedensein etwas Geistiges ist und nicht vom Haben abhängt. Jean Paul meint: »Man kann einen seligen und seligsten Tag haben, ohne etwas anderes zu brauchen als blauen Himmel und grüne Frühlingserde.« – Oft liegt das Frohmachende vor unseren Füßen. Wir müssten oft nur unsere zugekniffenen und in die falsche Richtung schielenden Augen öffnen und uns den Dingen und den Menschen zuwenden, von denen etwas Positives ausgeht, und die Erinnerungen aus dem Gedächtnis holen, die Freude in uns auslösen können.

Walter Rupp

Wahrhaftigkeit

Die Menschen unserer Zeit zeigen einen Hang zu schonungsloser Offenheit, nicht nur in den Sprechzimmern der Seelsorger und Ärzte. Sie scheuen sich auch nicht, öffentlich in Fersehsendungen, in Journalen oder Büchern die persönlichsten Empfindungen bloßzulegen. »Heutzutage«, bemerkt Thomas Cottle in »Psychology today«, »kann niemand Stellung, Gesundheit, Jungfernschaft, Persönlichkeit oder den Verstand verlieren, ohne ein Buch darüber zu schreiben oder den Verlust in einer Talkshow zu bereden.« Dieses ungeduldige Mitteilungsbedürfnis, dieser hektische Geständnisdrang ist neu. Während die früheren Generationen bemüht waren, den persönlichen Bereich vor anderen schamhaft zu verdecken, kennt die Generation von heute kaum noch ein Tabu und ist sogar zu Beichten vor einem Millionenpublikum bereit.

Der Kirchenlehrer Augustinus, der mit der Bekenntnisliteratur den Anfang machte, wollte sich durch seine »Bekenntnisse« seine Schuld von seiner Seele schreiben. Der Aufklärungsphilosoph Rousseau verfolgte mit seinen »Bekenntnissen« ein anderes Ziel, das verrät seine Bemerkung: »Obwohl mein Leben bis dahin nicht sehr interessant durch seine Ereignisse war, fühlte ich doch, dass es dies werden könnte, indem ich Freimütigkeit hineinbrachte.« Ihm lag daran, bekannt zu werden. Und Rudolf Höß, der Lagerkommandant von Auschwitz, machte aus seiner Autobiografie eine Rechtfertigung und Anklageschrift gegen seine Zeit, die ihn dazu gezwungen habe, dieses schmutzige Geschäft der Judenvernichtung zu betreiben, das ihm im Innersten zuwider gewesen sei.

Bekenntnisse wurden ein Stilmittel der Selbstdarstellung. Ihr Sinn wurde auf den Kopf gestellt. Sie wollen nicht mehr zu einem Neuanfang verhelfen, sondern Aufmerksamkeit erregen für eine bislang wenig oder nicht beachtete Person und ihr – oft verkorkstes – Leben.

Walter Rupp

Entschuldigung

»Entschuldigung!«, sage ich des Öfteren am Tag, auch bei ganz nichtigen Angelegenheiten. Ich bin jemandem versehentlich auf den Fuß getreten oder habe eine Bemerkung gemacht, die möglicherweise nicht angebracht war. Ent-schuldigung: Man nimmt eine persönliche Schuld, auch wenn es ein Versehen war, auf sich und bittet den anderen, es einem nicht nachzutragen oder auch zu verzeihen. Denken Sie noch an Ihre Schulzeit, wo uns die Eltern einen Entschuldigungsbrief mitgaben, warum man zu spät zur Schule kam oder die Hausaufgabe nicht machen konnte? Ist es nicht schön, sagen zu können: »Mich trifft keine Schuld«? Da kommen uns modernen Menschen eine ganze Reihe von Wissenschaften entgegen, die uns etwa sagen, dass wir aufgrund der gesellschaftlichen Situation so oder so gehandelt haben, ja sogar handeln mussten. Von gesellschaftlichen Zwängen ist dann gern die Rede. Es gibt aber auch die Entschuldigung, dass wir aufgrund unserer Lebensgeschichte und irgendwelcher Komplexe etwas nicht Richtiges getan haben. Man kann sogar mit der Genetik argumentieren, dann sind womöglich unsere Ahnen für das Endprodukt – uns also – verantwortlich. Und die sind selbstverständlich auch nicht schuld, denn sie können den Schwarzen Peter wiederum an ihre Vorfahren weitergeben. Und wenn uns gar nichts mehr einfällt, dann haben wir in Bayern ja den großen Entschuldiger schlechthin: den Föhn.
Aber im Ernst, bei aller Einsicht in diverse »Entschuldigungsgründe«, ganz entschuldigen möchte ich mich eigentlich gar nicht lassen. Warum? Ja, weil ich, wenn ich für gar nichts mehr die Schuld trage, auch nicht »schuld« bin, wenn ich gelegentlich etwas Gutes tue. Oder fänden Sie es etwa gut, wenn im Anschluss an eine gute Tat sofort ein Heer von Psychologen, Soziologen und Genetikern anrücken würde, um genau festzustellen, warum es zu Ihrer guten Tat kam?

Helmut Zöpfl

Spiegel

Ein Spiegel ist nicht nur für die Leute da, die eitel sind. Auch einer, der nicht eitel ist, kann ihn auf Dauer nicht entbehren und tut gut daran, sein Aussehen von Zeit zu Zeit zu überprüfen: ob er füllig geworden ist, wie sehr man ihm sein Alter ansieht oder ob er mürrisch dreinblickt. Ein Spiegel lässt keine Illusion aufkommen und zeigt die Wahrheit schonungslos: ob das Bild, das sich einer von sich selbst macht, der Wirklichkeit entspricht und wie die anderen ihn sehen.

Es gibt Menschen, die den Spiegel meiden, weil sie nicht ertragen können, dass sie sich selbst gegenüberstehen. Es gibt auch Menschen, die das Fernsehgerät abschalten, wenn sie auf dem Bildschirm erscheinen, weil ihnen ihr Auftreten und Erscheinungsbild nicht passt. Sie haben etwas gegen sich und tun sich schwer, sich selbst zu ertragen. Wer aber eine Abneigung gegen sich hat, kann nicht erwarten, dass andere ihn annehmen, und wer sich selbst nicht mag, wird auch andere nicht mögen können. Jeder muss sich zuvor angenommen haben, wenn er angenommen werden will.

Nun hat es niemand gern, wenn andere sich das Recht herausnehmen, ihm den Spiegel vorzuhalten, wenn andere auf seine Fehler deuten und sie kommentieren. Niemand wird sie deshalb korrigieren. Ratschläge und Kritik bringen uns, wenn sie von anderen kommen, selten weiter. Wir müssen uns den Spiegel selbst vorhalten und versuchen zu entdecken, was korrekturbedürftig ist. Wir sollten mehr mit uns selbst reden. Wir brauchen das Selbstgespräch, in dem wir uns Vorhaltungen machen oder Mut zusprechen und uns – wenn es angebracht ist – loben, weil keiner ganz ohne Lob auskommen kann. Ein Selbstgespräch wird nützlich sein, wenn dabei all das, was störend zwischen uns und anderen steht, zur Sprache kommt. Es ist hilfreich, wenn ich mir sage, was nur ich mir sagen darf und was andere sich nicht zu sagen trauen.

Walter Rupp

Zeitmesser

In unserer Pfarrei wird Firmung gefeiert. Aus diesem Anlass denke ich viele Jahre zurück, als ich das Sakrament von Kardinal Faulhaber, der schon meine Mutter gefirmt hatte, empfangen habe. Damals habe ich meine erste Uhr geschenkt bekommen. Ich war, glaube ich, da etwa dreizehn Jahre alt! Dreizehn Jahre ohne Uhr? Ja, wie war so etwas überhaupt möglich? Dabei bin ich, soweit ich mich erinnern kann, eigentlich immer pünktlich gewesen. Heute gibt es wohl kaum mehr einen Erstklässler, der nicht eine Uhr besitzt. Die Uhr ist zu einem Zentralorgan unserer Welt geworden. Sigismund von Radecki schreibt über sie: »Unser Herrscher ist kein menschliches Wesen, sondern eine allmächtige Uhr, von der wir jeder ein Exemplar als Handfessel am Arm tragen.« Und Werner Mitsch meint: »Als die Menschen noch keine Uhren hatten, hatten sie noch Zeit.«

Natürlich wird kein vernünftiger Mensch fordern, die Uhren abzuschaffen, aber hin und wieder sollten wir doch ein wenig innehalten und über dem Blick auf die Uhr und den Terminkalender nicht vergessen, dass Zeit nicht nur Hetze bedeuten darf. Das Nachsinnen über die Uhr kann auch dazu führen, dass wir erkennen, dass wir nicht alles mit bloßem Messen erfassen können, vor allem aber, dass wir diese Zeit-Hetze nicht bedingungslos auf die Kinder übertragen sollen. Wie sagte Jean Paul schon vor vielen Jahren: »Kinder und Uhren sollten nicht ständig aufgezogen werden. Man muss sie auch gehen lassen.« Michael Ende hat in seinem Buch großartig auf das eigentliche Wesen von Zeit aufmerksam gemacht und fasst diese Erkenntnis zusammen: »Zeit ist Leben. Und das Leben wohnt im Herzen.«

Helmut Zöpfl

Die Zeit

Die Zeit war zu allen Zeiten gleich lang: Ein Tag hatte immer vierundzwanzig Stunden, eine Stunde immer sechzig Minuten und eine Minute immer sechzig Sekunden. Wir Menschen müssen seit Bestehen der Welt mit demselben Quantum Zeit auskommen und uns immer wieder neu entscheiden, wofür wir sie gebrauchen möchten: für eine Reise, ein Gespräch, einen Krankenbesuch oder für das Zeitunglesen. Die Behauptung: »Ich habe keine Zeit« bedeutet darum immer: »Ich bin nicht bereit, mir für dich, für diese oder jene Sache Zeit zu nehmen.« Der Mangel an Zeit ist meist auf einen Mangel an Zeiteinteilung zurückzuführen. Viele Menschen hören jedem zu, auch dem, der Unsinn plappert, lesen, was sich gerade anbietet, möchten in alles eingeweiht werden. Sie wollen vieles zugleich: zu diesem Vortrag und zu diesem Empfang, zu diesem Konzert und auch noch in diese Uraufführung. Die Gier, kein Ereignis zu versäumen, stachelt sie an, von Termin zu Termin zu hetzen und zu einem pausenlosen Tätigsein. Sie lassen sich von der Zeit beherrschen. Wer Herr seiner Zeit bleiben will, muss Prioritäten setzen: das Wichtige dem weniger Wichtigen vorziehen oder auf das weniger Wichtige verzichten.

Der Ordensgründer Benedikt, der die in schroffer Weltabkehr und in den Tag hineinlebenden Wüstenväter zu Gemeinschaften zusammengeschlossen und angeleitet hat, sich einem geordneten Tagesablauf zu unterwerfen, hat mit dieser Tat eine Revolution eingeleitet, die in ihrer Bedeutung nicht hoch genug eingeschätzt werden kann: Er hat zum ersten Mal darauf aufmerksam gemacht, dass man mit der Zeit diszipliniert umgehen muss und so auf den Lebensrhythmus des Abendlandes entscheidend eingewirkt. Zeit – sagt man – ist Geld, nur kann man sie – im Unterschied zum Geld – nicht sparen. Man muss sie immer gleich ausgeben. Wer sie nicht verschwenden will, muss wissen, was er damit kaufen will.

Walter Rupp

33

Wege

Hin und wieder beobachte ich vor der nahegelegen Schule das Eintreffen der Kinder. Manche Eltern liefern nach einem kurzen Stopp mit dem Auto ihr Kind ab, andere Kinder kommen mit dem Schulbus. Ganz klar, dass da öfter Erinnerungen an meinen langen Schulweg quer durch die Wiesen auftauchen. Und es ist keine bloße Nostalgie, wenn ich behaupte, dass durch den Wegfall des Schulweges den Kindern von heute viele Erlebnismöglichkeiten verloren gehen.

Wege sind heute immer seltener geworden. Sie passen nicht in eine Zeit, in der man alles Mögliche unternimmt, um Zeit zu sparen, denn Wege sind zeitaufwendig, muss man sie doch in der Regel zu Fuß gehen. Weitgehend sind sie durch geradlinig verlaufende Straßen oder gar Bahnen ersetzt worden.

Ich weiß natürlich, dass sich die Zeit nicht umkehren lässt und die Straßen wahrscheinlich immer mehr, länger und breiter werden. Aber vielleicht sollten wir über die Bedeutung eines Weges auch in unserer Zeit nachdenken. Unser Leben wird wohl immer ein Lebensweg bleiben, und wir werden dabei immer wieder vor der Entscheidung an einer Wegkreuzung stehen. Wir wissen auch genau, dass ein Weggefährte wichtiger sein kann als der beste Straßenführer und dass ein Umweg oder ein kurzer Irrweg maßgeblich sein kann, um entsprechende Erfahrungen zu sammeln. Auch unsere Denkwege sollten wir weiterhin beschreiten und sie nicht durch Schnellstraßen ersetzen, die sehr schnell zu Einbahnstraßen werden könnten. Und ein solcher Denkweg könnte auch einmal ein kleiner Rückweg, eine Rückbesinnung sein, ein Innehalten, damit wir uns auf den Schnellstraßen nicht zu sehr verrennen. Und vielleicht sollte man bei der Wege-Rationalisierung zugunsten immer breiterer Straßen daran denken, dass diese sehr schnell zu Holzwegen oder Sackgassen werden können.

Helmut Zöpfl

Langsamkeit

Wir heute Lebenden sollten uns um die Entdeckung der Langsamkeit bemühen, da wir unser Leben so beschleunigt haben, als ginge es darum, es möglichst schnell hinter uns zu bringen. Alles um uns herum bewegt sich hektisch. Die Medien tun das ihre, die Ereignisse sofort, nahezu zeitgleich zu berichten und nehmen sich oft nicht die Zeit, das, was sie berichten, sorgfältig zu sichten. Und so erhalten wir meist nur aneinandergereihte Augenblickseindrücke.

Schnelligkeit hat einen Nachteil: Sie behindert das Erkennen. Bei Tempo hundert ist die Betrachtung einer Landschaft ausgeschlossen, weil man alle Aufmerksamkeit auf das Lenkrad richten muss. Es macht nur derjenige Entdeckungen, der die Geschwindigkeit drosselt, ja sich zuweilen zwingt, auch länger anzuhalten. Das gilt gleicherweise für die Wissenschaft, die Kunst, die Religion. Entdeckungen drängen sich nicht auf, ihnen gehen jahrelange Forschungen voraus. Literarische Werke entstehen nicht über Nacht, da muss ein Künstler oft Jahre mit Ideen schwanger gehen. Und der Weg zum Glauben war schon bei den Jüngern Jesu ein mühsamer Prozess. So paradox es klingt: Voran kommt nur, wer entschleunigt. Thomas Bernhard nennt die Übereilung eine der schlimmsten Verrücktheiten dieser Welt. Nichts wird abgewartet. Der Kluge hält sich an den Rat des Jakobusbriefes: »Jeder soll schnell sein im Hören, langsam im Reden und langsam zum Zorn.« Denn dem, der sich Zeit nimmt, unterlaufen weniger Fehler.

Walter Rupp

Der Zeitgeist

Es ist erstaunlich, was der Zeitgeist alles kann: Er kann die Leute für Ideen begeistern, die schon oft gescheitert sind, und sie anstacheln, gegen erstrebenswerte Ideen Abneigung zu empfinden. Es gab Zeiten, in denen er die Leute dazu brachte, dass sie Perücken trugen, sich lieber puderten als wuschen; die französische Sprache für vornehmer als die deutsche hielten und Völker davon überzeugte, dass es etwas Großes sei, fürs Vaterland zu sterben.

Auch heute treibt der Zeitgeist seinen Schabernack mit wem er will: Er erfindet Modewörter, überzeugt junge Männer von den Vorzügen des Sich-tätowieren-Lassens, junge Mädchen von der Schönheit grüner Haare, suggeriert Erwachsenen, welche Bücher man gelesen und welche Urlaubsorte man besucht oder welche Meinungen man haben muss.

Der Zeitgeist mischt sich in alle Gebiete ein. Er bestimmt weithin den Gesprächsstoff, leiht den Werbestrategen die Erfolg versprechenden Begriffe, den großen Tageszeitungen die Überschriften und warnt die Parlamentarier vor Entscheidungen, die nicht gut aufgenommen werden. Er attackiert die Künstler, die sich dem Stil der Zeit nicht unterwerfen wollen. Er will die Themen bestimmen, die in die Fernsehprogramme oder Lehrbücher aufgenommen werden, ja sogar den Einfluss auf die Bühnen und die Kanzel.

Der Zeitgeist ähnelt einem Halbgebildeten, der sich nie intensiv mit einer Frage auseinandersetzt, sondern nur herumhört, was man denn so sagt und denkt. Er nimmt von überall her die verworrensten Ideen mit und gibt sie als die eigenen Ideen weiter. Was ihm nicht gefällt, beschimpft er als rückständig, was ihm gefällt, preist er als fortschrittlich an. Der Zeitgeist ist eigentlich ein Feind des Geistes, weil er ihn nicht aufkommen lässt. Ihm ist es zuzuschreiben, dass die Zeiten häufig geistlos sind.

Walter Rupp

Babeltürme

Der Turmbau von Babel erwies sich als Fehlprojekt und musste abgebrochen werden. Dennoch ließ sich der Mensch zu keiner Zeit abhalten, am Babelturm weiter zu bauen, weil er sich von der Idee nicht lösen kann, etwas Gigantisches zu schaffen. Noch immer errichtet er imponierende, in den Himmel ragende Tempel, vor deren Größe sich jeder Dom und jede Kathedrale ducken muss; Babeltürme, die er – wie einst – Marduk, dem Gott des Geldes, weiht.

Aus unseren Banken und Versicherungen, die einmal zweckdienliche Geld-Aufbewahrungsstätten, Lagerhäuser für Wertpapiere waren, wurden Heiligtümer, zu denen die Menschen ihre Habe bringen: alles, wofür sie gelebt und geschuftet haben und worauf sie ihre ganze Hoffnung setzen – und zu denen sie wie zu Wallfahrtsorten mit einer religiösen Ehrfurcht pilgern. Viele sorgen sich mehr als um das Credo um ihr Guthaben, den Credit.

Ein Christ muss nicht den Diogenes im Fass zum Vorbild wählen, nicht die Wüstenväter der frühen Christenheit oder Franz von Assisi, der das Erbe seines Vaters ausschlug. Sein Glaube verlangt nicht, dass er ohne Geld auskommt oder es gar verachtet. Aber er verbietet ihm die göttliche Verehrung. Geld ist nichts weiter als ein Zahlungsmittel, mit dem man sich etwas kaufen und sein Leben angenehmer gestalten kann. Wer es als Sinngeber des Lebens, als höchste Instanz verehrt, ja dafür sogar seine Gesundheit opfert, verehrt aus Kupfer und Papier gemachte Götter neben Gott, und das ist Götzendienst.

Walter Rupp

Shopping

Bei manchen jungen Leuten gibt es schon seit längerer Zeit eine neue Art Freizeitsport, die wesentlich mehr Anhänger findet als das über Jahre so beliebte Jogging, nämlich das Shopping – was natürlich besser klingt als das deutsche Einkaufen. In vielen Innenstädten haben die Modebekleidungsgeschäfte für junge Menschen traditionelle Läden abgelöst, und ich bin bei einem gelegentlichen Besuch der Innenstadt immer von Neuem überrascht, wie frequentiert jene sind. Natürlich schweifen dann meine Gedanken zurück in meine Kindheit, in der ich zum Schulanfang ein Anzügerl aus einem älteren Lodenkostüm der Tante Zenta geschneidert bekam. Und zur Kommunion musste für eine entsprechende Bekleidung ebenfalls ein abgelegtes Kleidungsstück meines Vaters herhalten, was aber meine Freude über das festliche Gewand nicht schmälerte.

Bei dem einen oder anderen Stadtbummel betrachte ich neidlos die vollen Auslagen, ohne in größere Versuchung zu kommen, unbedingt bei diesem oder jenem Sonderangebot oder, wie das heute heißt, »Schnäppchen« unbedingt zuschlagen zu müssen. Im Gegenteil, meist halte ich es so wie jener Hirtenbub, von dem Wolfgang Johannes Bekh erzählte. Jener Bub habe, als er nach seinem ersten Stadtbesuch gefragt wurde, wie es ihm gefallen habe, gesagt: »Ganz großartig war's. Vor allem aber habe ich mich gefreut, dass ich so viel gesehen habe, was ich nicht brauche.« Man muss für eine solch gescheite Aussage nicht gleich den hochtrabenden Ausdruck »Konsumaskese« verwenden. Es genügt, wenn wir hin und wieder mehr über das Wort Zufriedenheit nachdenken. Vielleicht gelingt es uns sogar, dem einen oder anderen Jüngeren verständlich zu machen, dass auch Zufriedensein »cool« sein kann.

Helmut Zöpfl

Singen

Ich sitze schon in aller Herrgottsfrüh auf meinem Balkon. Dabei bringt mich das wunderbare Gezwitscher der Vögel auf gute Gedanken. In Fortführung des Evangeliumwortes erkenne ich: »Sie säen nicht, sie ernten nicht …«, und dennoch singen sie fröhlich schon beim ersten Sonnenstrahl ihr Lied. Don Bosco hat uns die Schar der drauflosswitschernden Spatzen als Vorbild hingestellt, wenn er sagt: »Fröhlich sein, Gutes tun und die Spatzen pfeifen lassen.« Ich freue mich immer ganz besonders, wenn ich in einem Kindergarten die Kinder aus voller Kehle singen höre und denke daran zurück, wie gerne ich selbst als kleiner Bub einfach drauflosgesungen habe. Schade, dass dieses spontane Singen bei vielen Kindern bald erstickt wird. Meist sind die »großen« Leute schuld, die mahnen: »Sing nicht so falsch!« Das halte ich für eine musikalische Todsünde. Der Mensch beginnt nur da falsch zu singen, wenn er seine Lieder zu Kampf- oder Schlachtgesängen missbraucht. Schon vor Jahren hat Sigi Sommer die Frage gestellt, was passieren würde, wenn jemand auf die Idee käme, in der Münchner Fußgängerzone voll Freude das Lied »Alle Vöglein sind schon da« zu trällern. Allenfalls würde man ihm einen solchen zeigen. Gut, dass wenigstens die Straßenmusikanten einen dazu bringen, während der Shopping-Tour kurz innezuhalten und beim Weitergehen vielleicht sogar verschämt ein bekanntes Lied nachzupfeifen. Neulich habe ich geträumt, dass Gotthilf Fischer in die U-Bahn eingestiegen ist und die Leute dazu ermuntert hat, ein Lied mitzusingen. Leider aber hat der Weiß Ferdl mit seiner »Linie 8« bis heute recht behalten: »Die Leut schaun grantig, keiner lacht.« Aber bleiben wir optimistisch. Auch wenn wir es nicht schaffen werden, die Welt in eine Mailänder Scala zu verwandeln, das Vorhaben, jeden Tag einen ersten »guten Ton« zu finden, lohnt sich allemal.

Helmut Zöpfl

Klein, aber fein

Wir alle kennen den schönen Spruch »Klein, aber fein«. Wieso jedoch »aber«? Könnte es nicht genauso gut heißen: »Klein, also fein«? Irgendwie scheint für manche »der Duft der großen weiten Welt« doch interessanter zu sein. Das ist natürlich nichts Neues, denn zu allen Zeiten hat der Mensch wohl gerade das Große, Monumentale besonders bewundert. Zu den Weltwundern gehörten etwa der Koloss von Rhodos oder die Pyramiden. Und sicher ist unser Universum, der Kosmos vielleicht das Wunder schlechthin. Was wären diese großen Wunder aber, wären sie nicht aus den ungezählten Wundern des Kleinen, des Mikrokosmos zusammengesetzt? Aber da ist schon wieder ein großes Wunder, dass es nicht nur eine Anhäufung dieser kleinen Teilchen ist, sondern dass sie mit erstaunlicher Präzision aufeinander abgestimmt sind, dass alles – banal ausgedrückt – so glänzend funktioniert. Vielleicht bekommen wir den rechten Blick für das Große wirklich erst dann, wenn wir wieder mehr das Kleine, Überschaubare entdecken. Das Sprichwort »Man sieht den Wald vor lauter Bäumen nicht« könnte wohl genauso gut heißen: »Man sieht den Baum vor lauter Wald nicht«. Das heißt, man sollte sich jeden Tag ein wenig Zeit nehmen, etwas, einen Baum, eine Blume, in ihrer einzigartigen Schönheit zu betrachten. Aber vielleicht nicht nur betrachten, sondern sich auch daran freuen. Ich entdecke immer wieder in unserer Stadt und in vielen Dörfern unseres Landes, was alles getan wird, um mit Blumenschmuck den Ort zu verschönern. Zu diesem Entdecken gehört dann wohl auch, dass man zwischendurch ein Dankeschön oder »Vergelt's Gott« sagt. So gilt mein Dankeschön den vielen Gärtnern und Gärtnerinnen, aber auch dem Stadt- und Gemeinderat etc., die mir bei jedem Spaziergang wieder den Tag verschönern.

Helmut Zöpfl

Glück

»Als ich jung war«, bemerkt Oscar Wilde, »glaubte ich, Geld sei das Wichtigste im Leben; jetzt, wo ich alt bin, weiß ich, dass es das Wichtigste ist.« Wie ist diese Äußerung zu verstehen? Als ironische Bemerkung oder als die Summe seiner Lebensweisheit?

Die Überzeugung, dass zum Glück ein kleines Stückchen Land gehört, lässt sich kaum einer nehmen, auch wenn er noch so häufig Beispiele sieht, wie die, die mit Gütern gesegnet sind, nichts von Zufriedenheit ausstrahlen. Die Menschen hatten und haben noch immer Schwierigkeiten, sich Glück als etwas vorzustellen, was von materiellen Dingen unabhängig ist. Sie erwerben Geld und tun alles, um zu noch mehr Geld zu kommen. Auf ihrer Werteskala steht es obenan; über dem Wissen, der Bildung und der Kultur. Und weil sie nicht zugleich zwei Herren dienen können, Gott und dem Geld, machen sie oft das Geld zu ihrem Gott. Mancher opfert, um zu Geld zu kommen, sogar seine Gesundheit, und dann alles Geld, das er erwerben konnte, um seine Gesundheit, die er wegen seiner Gier nach Geld ruinierte, wieder zu erlangen.

Kaum einer lässt sich den Glauben an die Wichtigkeit des Geldes nehmen, er entdeckt oft erst am Ende seines Lebens, nachdem er ein Leben lang das weniger Wichtige dem Wichtigen vorgezogen hat, dass es höhere und erstrebenswertere Werte gibt. – Er kann hier in unserer Welt vielleicht das eine oder andere Glücksgefühl erleben. Aber es bleibt ihm die Erfahrung nicht erspart, dass er das Glück, das ihn zutiefst befriedigt, hier nicht haben kann.

Walter Rupp

Wundertüte

Irgendwann, ich erinnere mich noch genau an den Moment in meiner Kindheit, gab es die ersten Wundertüten im Kramerladen. Wenn ich eine geschenkt bekam, habe ich sie ganz gespannt gleich aufgerissen, denn immer war eine kleine Überraschung zu finden: ein Ringlein, ein Pfeiferl, etwas Süßes ... Alles bloß Kleinigkeiten, aber jedes Mal habe ich mich gefreut.

Natürlich ist die Zeit der Wundertüten für uns Erwachsene vorbei. Aber es gibt trotzdem jeden Tag noch so etwas Ähnliches. Jeden Tag wartet nämlich schon in aller Frühe ein neuer Tag auf uns. Wenn man genau aufpasst, voller Wunder und Überraschungen; auch wenn vielleicht die eine oder andere unerfreuliche Überraschung dabei sein kann. Was meinen Sie, was man alles sehen kann, wenn man seine Augen richtig aufmacht, seine Ohren aufsperrt und sogar noch seinen Geruchs- und Geschmackssinn aktiviert: die Wunder in der Natur ringsum uns herum, aber auch unser eigenes Leben. Wie viele Begegnungen kann jeder Tag für uns bereithalten, wie viel Erfreuliches – und sei es nur ein gutes Wort, das uns gesagt wird, eine lustige Geschichte, die wir erfahren. Wer sich ein wenig Neugier bewahrt hat, kann immer wieder etwas Neues, Interessantes entdecken, bei dem man sich vielleicht heimlich wundert: »Ja so was, gibt's denn des aa?« Ja wirklich, es gibt so viel, angesichts dessen man nicht glauben kann, dass es das wirklich gibt. Eines aber ist für diese Wundertüte ganz wichtig, nämlich dass man sich auch für das Kleine Zeit lässt, es nicht nur erblickt, sondern anschaut, betrachtet, nicht nur kurz hinhört, sondern hinhorcht, dass man nicht nur kurz hingreift, sondern begreift. Möglicherweise sollte man sogar hin und wieder versuchen – ich weiß, es ist ein ungewöhnlicher Vorschlag –, das Schöne, das uns begegnet, sanft zu streicheln.

Helmut Zöpfl

Aussprüche

Was dachte sich der weise Sokrates, als er den Ausspruch tat:
»Heiratest du, wirst du es bereuen, und heiratest du nicht,
wirst du es ebenfalls bereuen«? Sprach er über seine Ehe mit
Xanthippe, die ein zänkisches Weib gewesen sein soll? Oder
meinte er alle Ehen? Man sollte doch annehmen, dass es auch
damals wenigstens die eine oder andere glückliche Ehe gab.
Da Sokrates nicht erläuterte, wie er zu dieser Ansicht kam,
ist es uns Späteren erlaubt, dass wir uns darüber Gedanken
machen, was er gemeint haben könnte. Glaubte er wirklich,
dass Entscheidungen, für die man ein Leben lang einstehen
kann, nicht möglich sind? Oder wollte er gar die Menschheit
vor der Torheit warnen, Ehen einzugehen und zugleich davor,
ehelos zu bleiben? Aber dieses Entweder – Oder lässt sich
nicht umgehen. Eine dritte Möglichkeit gibt es noch immer
nicht, es sei denn, man versteht den listigen Versuch – den es
damals noch nicht gab –, so mit einem Partner zusammen-
zuleben, dass man sein Singledasein nicht aufgeben muss, als
Alternative. Der Mensch muss sich entscheiden, seine Natur
drängt ihn zur Entscheidung und die Vernunft hat dagegen
auch nichts einzuwenden.
Wir dürfen annehmen, dass Sokrates, der am liebsten Fragen
stellte und nicht gern Antworten gab, keine Ratschläge erteilen
und nicht vom Heiraten abhalten wollte. Er hatte überhaupt
nichts gegen Ehen. Er hatte etwas gegen naive und blauäugige
Erwartungen, als könne der, den man liebt, das Glück geben,
nach dem man sich sehnt – oder man könne frei werden, wenn
man keine Bindung eingeht. Vielleicht wollte er sagen: Welche
Entscheidung einer auch trifft, man wird jede Entscheidung
hinterfragen und von einer Perspektive aus betrachten können, aus der sie zweifel- oder mangelhaft erscheint.

Walter Rupp

Schlagzeilen

Gewiss arbeitet in manchen Boulevardblättern immer ein ganzes Heer von Journalisten jeden Tag an der Frage, welche Schlagzeilen heute besonders ziehen könnten, so ziehen, dass der eine oder andere davon angetan nach dem Blatt greift. Bekanntlich geben da Alltäglichkeiten nichts her und nach wie vor gilt der Spruch, dass vor allem »bad news good news« sind.

Teilweise wird dann mit dem für manche Leute so interessanten Begriff »Enthüllung« gearbeitet. Man erfährt etwas aus der Privatsphäre vermeintlich Prominenter, hat nun die Gelegenheit, sich einmal so richtig zu empören »Ja, da schau her! Also das hätte ich wirklich nicht gedacht!« Oder aber: »Also irgendwie habe ich schon immer geahnt, dass da was faul war!« Gerade im Bereich des Sports wird deutlich, dass heute immer weniger die sportliche Leistung, sondern immer mehr das Drumherum bis in den privatesten Bereich zählt. Eine Scheidung oder ein neues Verhältnis kommen da in der Regel gelegener als die faire sportliche Tätigkeit. Sogar der Vereinswechsel gibt mehr her als die Vereinstreue. Besonders beliebt für Überschriften sind aber Adel und Königshäuser. Eine schreckliche Vorstellung für die sogenannte »Yellow Press«, dass irgendwann einmal die letzten Monarchien abgeschafft werden. Bestimmte Presseorgane müssten zur Erhaltung derselben sogar eine Art Lebenserhaltungskosten überweisen, damit sie weiterhin vom »ersten Zahn« des Thronfolgers bis hin zum »letzten Löffel« berichten können.

Wie wär's, liebe Leserinnen und Leser, wenn Sie etwas ganz anderes machen und sich für Ihren heutigen Tag ein paar hübsche Überschriften überlegen, etwa in dem Stil: »Endlich mal wieder im Tierpark«, »Ein spannendes Buch zu Ende gelesen«, »Eine schöne Kirche besucht, in Ruhe die Bilder angeschaut und zu mir selber gekommen« …

Helmut Zöpfl

Gerüchte

Die vielen, die von sich behaupten, sie fielen auf Gerüchte nicht herein, bringen es meist doch nicht fertig, überhaupt nicht hinzuhören, wenn einer ihnen wichtigtuerisch und ganz vertraulich mitteilt, was ihm aus einwandfreier Quelle und unter dem Siegel der Verschwiegenheit berichtet wurde. Sie sind dann ganz Ohr, wenn er ihnen hinter vorgehaltener Hand zuflüstert: Ein Bekannter habe ihm versichert, dass ein Abgeordneter, dem man das nicht zugetraut hätte, in eine peinliche Angelegenheit verwickelt sei. – Dieser sparsame und nebulöse Hinweis reicht gewöhnlich aus, die Fantasie eines jeden zu üppigen Spekulationen anzuregen. Niemand kann Gerüchte hindern, wohin sie wollen zu gelangen und sich mit einem Heer von unbezahlten Helfern an jedem beliebigen Ort der Welt bekannt zu machen. Für sie scheint es kein Hindernis zu geben, das unüberwindbar wäre, nicht einmal Schwerhörigkeit. Gelingt es ihnen nicht, die bewährten Nachrichtenkanäle zu umgehen, dann nisten sie sich in die Redaktionen »kritischer« Journalisten ein und werden sicher nicht entdeckt.
Auf wie verschlungenen und undurchsichtigen Wegen uns Gerüchte auch erreichen, wie verschwommen, vieldeutig oder unbegründet sie auch sind, sie kennen sich in der menschlichen Psyche aus und wissen, wie man sogar bei den nüchternen Naturen Neugier weckt. Weil sie sich bescheiden geben, schenkt man ihnen überall Vertrauen. Das Fatale ist, dass es sich kaum einer leisten kann, Gerüchte ganz zu ignorieren. Denn wie häufig konnten sie Triumphe feiern! Wie oft behielten sie trotz feierlicher Schwüre, dass dem nicht so sei, trotz hartnäckiger Dementis recht! Gerüchte sind merkwürdige Gebilde, in denen Wahrheit, Halbwahrheit, Vermutung und Verleumdung miteinander so eng verschlungen sind, dass kaum einer in der Lage ist, das alles säuberlich zu trennen. Man nimmt sie deshalb, wie sie sind.

Walter Rupp

Gruseln lernen

Wer das Gruseln lernen möchte, braucht nicht mehr – wie in Grimms Märchen – auszuziehen und die Abenteuer in fernen Ländern zu suchen. Er kann zu Hause bleiben. Er muss nur die Nachrichten, Reportagen und Skandalgeschichten lesen und die Bilder auf sich wirken lassen, die ihm die Medien täglich liefern. Früheren Generationen war es kaum möglich, so hautnah mit dem Schrecken konfrontiert zu werden.

Der zivilisierte Mensch stopft sich schon am Morgen, gleich nach dem Erwachen, beim Lesen der Tageszeitung oder einer Illustrierten mit angstmachenden Berichten voll: Jeder vierte Deutsche sei depressiv; die Zahl jugendlicher Straftäter, die schleichende Geldentwertung nehme zu; im Flugverkehr gebe es erschreckende Sicherheitsmängel; die Ansteckungsgefahr harmlos gehaltener Viren sei nicht zu unterschätzen. – Als reiche das nicht aus, nimmt er Abend für Abend Bilder von Naturkatastrophen, Serienunfällen auf den Straßen, Flugzeugabstürzen, Raubüberfällen oder Geißelnahmen als letzte Eindrücke des Tages mit in seinen Schlaf hinein.

Wohin verschwinden diese Schocküberschriften, Schreckensbilder und Horrorberichte, die jeder Tag für Tag hastig verschlingt? Sie lösen sich gewiss nicht in Nichts auf, sondern wirken weiter, krallen sich in der Seele fest und verkriechen sich ins Unterbewusstsein, um dort das Fantasieren fortzusetzen und Unwohlsein auszulösen. Und wie verhindern wir, dass diese Ängste zu einschüchternden Gestalten werden? Wie werden wir sie wieder los? Ja, wie entgehen wir der Gefahr, uns von überall her bedroht zu fühlen?

Damit wir keinen Schaden nehmen, sollten wir versuchen, in den Medienangeboten auch die mutmachenden Bilder und Berichte zu entdecken. Wir brauchen sie als Gegengewicht, damit wir nicht als schielende und an Schwermut leidende Zeitgenossen durch das Leben gehen.

Walter Rupp

Probleme

»Oh mei«, denke ich mir, während ich einige Überschriften der Tageszeitung lese: Probleme, Probleme, Probleme. Ich weiß zwar, dass für die Presse immer noch der bekannte Spruch gilt, wonach gute Nachrichten für den Journalisten schlechte Nachrichten sind, weil sich merkwürdigerweise diese viel schlechter verkaufen lassen. Ein paar Zeitungen sind allerdings dazu übergegangen, auf der ersten Seite sogar mit der Überschrift »Die gute Nachricht« einige Zeilen zu schreiben, was uns auf den ersten Blick erfreut. Natürlich gibt es beim Durchblättern der Zeitung einige Probleme, die uns berühren und über die man sich natürlich Gedanken machen kann. Aber vielleicht sollte man mit einer gewissen Gelassenheit auf sogenannte Probleme sehen und sich an den schönen Spruch des österreichischen Kabarettisten Ernst Waldbrunn erinnern: »Viele Probleme erledigen sich von selbst, wenn man sie nicht dabei stört.«
Eines aber ist sicher: Wir sollten uns in unserer Wichtigkeit nicht überschätzen und uns auch nicht zu ernst nehmen. Humor ist Problemen gegenüber eine kluge Haltung, denn er hilft oft, eine vernünftige Perspektive zu den Dingen des Lebens zu gewinnen. Ich hatte das große Glück, Eltern zu haben, die mich mit ihrem Humor begleitet und mir diesen »Schwimmgürtel auf dem Strom des Lebens« mitgegeben haben. In diesem Sinne erinnere ich mich auch an den schönen Spruch, den mein Vater manchmal aufgesagt hat:

> »Wie's Wetter sein mag,
> freu dich an dem Tag.
> Weil's Freuen mehr bringt,
> wie wenn er dir stinkt.«

Helmut Zöpfl

Leben im All

»Leben im All entdeckt!« So lautete die Überschrift in einer Boulevardzeitung vor einiger Zeit. Mit Interesse habe ich gelesen, dass britische Wissenschaftler glauben, sie hätten Mikroben aufgespürt, die aus dem All kommen. Bei solchen Meldungen stellt sich die Frage, ob Lebenskeime nicht mit irgendwelchen Meteoriten auf die Erde gelangt sein könnten, die unser Dasein hier erst ermöglichten? Ich habe seit früher Kindheit ein brennendes Interesse an der Frage, ob es Leben im Weltall gibt. Dennoch glaube ich, dass das Rätsel, warum es überhaupt Leben gibt, in näherer Zukunft nicht oder vielleicht überhaupt nie wissenschaftlich gelöst werden wird. Genauso wie es ein Wunder ist, dass es überhaupt etwas gibt, und nicht vielmehr nichts, ist es immer wieder ein Grund zu staunen, dass es Leben gibt und dass wir, Sie und ich, dieses Leben teilen. Und auf diesem schönen blauen Planeten Erde, wo wir das Glück haben, leben zu dürfen, wimmelt es nur so von Leben, wohin wir schauen. Großartig, dass die Astronomen mit immer größeren Teleskopen das Weltall nach Leben absuchen, in der Hoffnung, fündig zu werden. Aber wir brauchen kein überdimensionales Fernrohr, wir haben das Leben unmittelbar vor Augen und vor allem in uns. Und wenn wir Augen und Ohren öffnen, entdecken wir dieses Wunder Leben immer wieder neu in den Pflanzen und in der Tierwelt und in unseren Mitmenschen. Und das Schöne ist, wir können jeden Tag auch ein wenig dazu tun, ein bisschen mehr Leben in diese Welt zu bringen. Ein fröhliches Lächeln, ein gutes Wort, ein Trost, ein Dankeschön, all das kann wirken wie ein Sonnenstrahl, aber auch wie ein erfrischender Regen, der etwas neu belebt. Passen wir auf: Jeder Tag bietet jedem eine Fülle von Chancen, dass wir Leben nicht erst im fernen All, sondern in unmittelbarer Nähe entdecken und weitergeben können.

Helmut Zöpfl

Weltall

Wenn wir begriffen hätten, dass sich die Erde, ein unscheinbares Pünktchen im Milliardenheer sehr viel größerer Planeten und Sterne, wie ein Stecknadelkopf in der Unendlichkeit der Räume bewegt, wir würden nicht hochstaplerisch vom Zeitalter der Weltraumfahrt reden. So redet nur, wer von den ungeheueren Ausmaßen des Weltalls keine Ahnung hat. Der Mensch kam mit seinen Ausflügen dem Weltall, das erst jenseits unserer Milchstraße beginnt, nur Millimeter näher. Die sogenannten Astronauten sind keine Weltraumfahrer. Sie sind vielleicht Planetenspringer oder Erdumrunder, die mit ihren Weltraumfähren, die Schneckenhäusern gleichen, den aussichtslosen Versuch unternehmen, Blitze im Schneckentempo zu überholen. Es wird nie möglich sein, Galaxien oder Sternenhaufen, die seit Jahrmillionen mit vielfacher Lichtgeschwindigkeit unterwegs sind, einzuholen.

Wie mit dem Makrokosmos ergeht es dem Menschen mit der Mikrowelt. Er muss bei seinen Erkundungsversuchen dort ebenfalls einsehen, dass er an eine Grenze stößt. Auch der Mikrokosmos ist für ihn undurchdringlich. Auch er gibt seine Geheimnisse nicht preis. Die Frage, mit der sich die Philosophen lange quälten, ob Atome unteilbar sind, wurde gelöst: Sie sind teilbar. Aber jetzt steht die Wissenschaft mit einem Mal vor neuen Fragen: Ob Protonen und Neutronen auch noch gespalten werden können? Die Lösung eines Problems hat neue Fragen aufgeworfen.

Der Mensch, der oft etwas für unmöglich hielt, was dann doch möglich wurde, und oft für möglich hält, was wirklich unmöglich ist, muss immer neu erkennen, dass es unüberwindbare Grenzen gibt. Er mag sich als der größte aller Zwerge oder der kleinste aller Riesen fühlen, Mikroskop und Teleskop zwingen ihn zur Einsicht, dass er ein Winzling ist.

Walter Rupp

Jahresmitte

Ein Blick auf den Kalender zeigt mir heute: Schon wieder hat das Jahr die Hälfte seiner Wegstrecke zurückgelegt und steht in seiner Mitte. Wie die Begriffe Anfang und Ende ist auch der der Mitte ein ganz besonderer. Am Mittag steht die Sonne auf ihrem Höhepunkt und auch die Mitte des Lebens bekundet so etwas wie »voll auf der Höhe sein«. Aber da schwingt doch auch schon eine kleine Melancholie mit und vielleicht fällt uns der Refrain eines Liedes von Hildegard Knef ein: »Von nun an ging's bergab«. Jetzt werden die Tage kürzer und die Nächte länger.

Aber es kann einem auch anderes in den Sinn kommen. Man hat den Mittelpunkt eines Weges hinter sich gebracht und dieses »bergab« kann durchaus etwas Angenehmes sein. Ich glaube, dass es falsch ist, diese Mitte des Lebens als den Höhepunkt anzusetzen, denn jeder Lebensabschnitt hat etwas Besonderes: Kindheit, Jugend, Erwachsensein und Alter. Vielleicht sollte man über den Begriff Entwicklung einmal nachdenken und sich klar sein, dass sich nicht alles automatisch höher, weiter entwickelt oder eine Entwicklung auch abnehmen kann. Jede Zeit hat ihren Eigenwert, ebenso wie jeder Mensch. Das Kind ist nicht bloß ein Wesen, das sich zum Erwachsenen entwickelt. Es ist ebenso etwas ganz Besonderes, Einmaliges wie auch der ältere Mensch.

Möglicherweise sollte man gar nicht sagen, jede Zeit hat ihren Eigenwert, sondern feststellen, dass wir immer versuchen können, ihr einen besonderen, einmaligen Wert zu geben. Halten wir doch beim heutigen Mittag, der Tagesmitte, zur Mitte des Jahres ganz kurz inne für eine kleine Pause, in der wir diese besondere Stunde mit einem ganz besonderen Schmankerl feiern.

Helmut Zöpfl

Gesetz und Recht

Gesetze müssen sein, damit das Zusammenleben in einer Gesellschaft reibungsloser vonstatten gehen kann. Man sollte sie jedoch nicht überschätzen. Denn mit Verordnungen, Strafandrohungen und Gerichtsurteilen lässt sich das Unrecht nicht aus der Welt vertreiben. Wurde die Gesellschaft humaner und gerechter, seitdem man die Streitfälle nicht mehr im Duell, sondern mit Hilfe von Rechtsanwälten schlichtet? Die Gerechtigkeit besteht oft in einem Vergleich, bei dem Kläger wie Beklagter für die Beilegung des Rechtsstreites gleich hohe Summen zahlen müssen. Man kann noch immer nicht verhindern, dass Missetäter mit Hilfe eines Rechtsbeistandes zu der Überzeugung gelangen, unschuldig zu sein, und freigesprochen werden, oder ihre Haftstrafe nützen, Memoiren zu schreiben, die sie an die meistbietende Illustrierte verkaufen, sozusagen als Entschädigung für das Geld, das ihnen wegen ihres misslungenen Überfalls entgangen ist.

Die modernen Staaten brachten es bis heute auf circa drei Millionen Gesetze, sodass sich manchmal auch Juristen außerstande sehen, für ein Vergehen das Gesetz zu finden, das entweder für eine Verurteilung oder für einen Freispruch herangezogen werden kann. Bei so vielen Anweisungen, Vorschriften und Gesetzen besteht die Gefahr, dass der Bewegungsspielraum des Einzelnen kleiner wird und er sich, in Vorschriften eingezwängt, schließlich unfrei fühlt. Mit dem Anwachsen der Gesetze wuchs die Zahl der Rechtsbeistände, die ihre Aufgabe nicht allein darin sehen, Streitfälle zu schlichten, sondern auch – um leben zu können –, immer neue zu entdecken. Das Prozessieren wurde immer selbstverständlicher. Die Menschen unserer Zeit scheinen andere Wege, wie man Konflikte löst, nicht mehr zu kennen und nicht mehr zu wissen, dass alle Gesetze nutzlos sind, wenn das Gewissen schweigt und das Unrechtsbewusstsein schwindet.

Walter Rupp

51

Reformen

In den Nachrichten ist gegenwärtig das Wort »Reform« wieder in aller Munde: Steuerreform, Gesundheitsreform und so weiter. An dieses Wort knüpfen sich immer eine Menge Hoffnungen: Es muss sich endlich was tun! So wie es jetzt ist, kann es doch nicht bleiben! Gerade im Bereich der Kirche spielt dieser Gedanke eine große Rolle. Wird der neue Papst reformfreudiger sein als der alte? Höchste Zeit, dass sich die Kirche reformiert. Und in der Geschichte spielt die Reformation nun wirklich eine große Rolle.

Laufe ich Gefahr, als Ewiggestriger, als Erzkonservativer zu gelten, wenn ich versuche, darauf aufmerksam zu machen, was das Wort eigentlich bedeutet? Es ist aus einem »re-« und dem »formare« zusammengesetzt und heißt eigentlich, dass man zurückblickt und den früheren Zustand wieder herstellt. Das kann ein durchaus sinnvoller Gedanke sein, wenn man sich an Gutes erinnert, das man – warum auch immer – aufgegeben hat. Man verweist auf das Frühere, das Ursprüngliche, vergisst aber manchmal nachzufragen, ob dieses auch automatisch als das einzig Richtige, das Beste angesehen werden kann. Diese Einstellung ist uralt: Die Römer erinnerten immer wieder an das Goldene Zeitalter, Rousseau gründete seine ganze Pädagogik auf die Rückkehr zur Natur, die nichts anderes bedeutete als eben jenes Ursprüngliche und damit für ihn automatisch Schöne und Gute.

Kennen wir diesen »reformatorischen Gedanken« nicht auch manchmal bei uns, wenn wir uns an die alten Zeiten erinnern, die wir fast selbstverständlich als gut betrachten? Hin und wieder sollten wir überdenken, ob es ein solches Früher überhaupt gegeben hat, zu dem wir bedingungslos zurückkehren wollen und sollen. Gerade lese ich den Satz von Robert Jungk: »Die Welt kann verändert werden. Die Zukunft ist kein Schicksal.« Durchaus bedenkenswert, wenn wir dabei zugleich überlegen, was und warum, vor allem aber auch wohin wir etwas verändern wollen. Mit bloßem »Verändern« ist es leider nicht getan.

Vielleicht wäre es sinnvoller, von »Verbessern« zu sprechen. Wenn wir aber verbessern wollen, sollten wir uns Gedanken machen, was wir überhaupt für gut halten und was wir selber zu einer Verbesserung beitragen können.

Helmut Zöpfl

Strafpraxis

In der Pädagogik der Vergangenheit glaubte man, man könne Kinder nur formen, wenn man ihnen den eigenen Willen nimmt. Und das Prügeln galt als unverzichtbar. Nicht selten kam es vor, dass Kinder aus nichtigen Anlässen so geschlagen wurden, dass sie davon wund wurden und der Bader sie heilen musste. Manchmal ließen Lehrer die ganze Klasse singen, um zu verhindern, dass das Geschrei des Gezüchtigten auf der Straße zu hören war. Der Esslinger Stadtrat sah sich 1848 veranlasst, den Lehrern zu verbieten, mit »Tatzen, Schlappen, Maultäschchen«, Haarrupfen, Ohrenumdrehen oder Nasenschnellen zu strafen und sich des Stocks oder des Kolbens zu bedienen. Er erlaubte lediglich, das Hinterteil mit Ruten zu streichen.

Moderne Pädagogen halten nichts davon, dass Härte eine gute Vorbereitung für das Leben sei. Aber wie geht man mit jenen Kindern um, die sich nicht einordnen und trotz gutem Zureden nicht an Regeln halten? Ist eine Pädagogik ohne Strafen möglich? – Moral kann man gewiss nicht einprügeln, aber auch nicht, wie es die Erlebnispädagogik mit straffällig gewordenen Jugendlichen versucht, bei Aufenthalten in Ferienparadiesen so nebenbei mitnehmen.

Erziehen bedeutet immer: Grenzen setzen. Denn: »Wer alles, was erlaubt ist, tut, ist« – wie der Kirchenlehrer Augustinus sagt – »nicht mehr fern vom Unerlaubten.« Es bedeutet, das Neinsagen zu lernen, wenn etwas schlecht und schädlich ist. Vor allem aber zu lernen, das Gute zu erkennen und zu tun. Ein Gesinnungswandel ist nur möglich, wenn einer ihn selbst will.

Walter Rupp

Alles fließt

Es gehörte zu den schönsten Erlebnissen meiner Kindertage, an einem kleinen Bach zu sitzen und die Füße reinzuhängen. Manchmal habe ich auch ein Blatt ins Wasser geworfen oder sogar ein Schifferl aus Papier gefaltet, es in die Weite geschickt und ihm nachgeschaut, bis es meinen Blicken entschwand. In meiner Fantasie habe ich es dann auf seiner Reise hinein in den Fluss und schließlich das große Meer begleitet. Anfang und Ende des Baches sind für mich damals schon auf eine eigenartige Weise das Bild für die in uns allen schlummernde Frage nach dem Woher und Wohin gewesen. Dass zwischen beiden ein stetes Gleiten und Fließen ist, hat der alte griechische Philosoph Heraklit mit dem bekannten Spruch »Panta rhei« = alles fließt so lapidar und doch so eindrucksvoll zum Ausdruck gebracht. Alles, was existiert, ist ein stetes Kommen und Gehen, ein Entstehen und Entgleiten. Eine unglaubliche Vorstellung, dass nicht nur unser Dasein davon ergriffen ist, sondern in uns selber, in unserem Körper, die Blutbahnen in stetem Fluss sind und so für Lebendigkeit sorgen.
Besagter Philosoph hat noch einen anderen wesentlichen Satz gesagt: »Man steigt niemals in denselben Fluss.« Das klingt ein wenig rätselhaft, bedeutet aber eine tiefe Einsicht in unser Dasein. Wenn wir zum zweiten Mal in einen Fluss oder Bach steigen, haben sich die Wellen des ersten Eintauchens schon weiterbewegt. Und wir selber sind vom ersten zum zweiten Mal zumindest ein wenig älter geworden. Was das bedeutet? Man kann nichts festhalten. Und zum anderen: Alles ist einmalig. Da leuchtet dann die Trauer der Vergänglichkeit ebenso auf wie die Einmaligkeit, das Glück des Augenblickes, das wir viel öfter bewusst erleben sollten. Bestimmt hat der heutige Tag für Sie eine kleine Kostbarkeit bereit, für die Sie sich kurz Zeit nehmen sollten, damit sie nicht unbeachtet an Ihnen vorbeifließt.

Helmut Zöpfl

Leblos oder lebendig?

Kinder reden nicht nur mit ihrem Hund und ihrer Katze, auch mit leblosen Gegenständen sprechen sie, als verstünden diese die Sprache der Menschen: etwa mit ihrer Puppe, die sie loben oder tadeln. Sie gehen mit ihrem Bär, von dem sie erwarten, dass er sie während des Schlafes beschützt, ins Bett und beten mit ihm das Nachtgebet. Sie reden, wenn sie malen und unterhalten sich mit Bildern, Blumen oder Vögeln. Es gibt kaum ein Wesen oder Ding, mit dem sie sich nicht unterhalten können. Wissen Kinder nicht, dass wer nicht Mensch ist, keinen Verstand besitzt? – Sie wissen es und können sich doch so verhalten, als wüssten sie es nicht.

Die Dinge um uns herum: Bäume, Bäche, Wolken oder Wälder sind nicht stumm! Sie säuseln, rauschen, flüstern. Wir könnten sie verstehen, wenn wir nur nicht so stumpfsinnig wären. Viele Häuser, Straßen oder Plätze haben viel erlebt und wüssten viel zu erzählen: Wer hier wohnte, wer hier vorüberging und was sich da ereignete, wenn wir es nur nicht so eilig hätten. Die Buchstaben eines Buches, die so starr erscheinen, würden uns gern, wenn wir nur wollten, auf andere Gedanken bringen und in ein Gespräch mit dem Autor verwickeln. Und die Deckengemälde unserer Kirchen warten darauf, dass sie den Besuchern biblische Geschichten erzählen und erklären dürfen. Das Leblose ist nur scheinbar und solange leblos, solange wir teilnahmslos vorübergehen. Unsere Umwelt ist nicht tot, man muss sie nur anreden, dann redet sie mit uns und wird lebendig.

Walter Rupp

Am Anfang war das Wort …

»Am Anfang war das Wort …« So beginnt bekanntlich das Evangelium das heiligen Johannes. Spielt dieses Wort heute im Getriebe und Lärm der Zeit noch eine große Rolle? Bestimmt dann, wenn Eltern stolz das erste Wort ihres Kindes registrieren, das in der Regel »Mama« heißt. Auch vom letzten Wort ist manchmal die Rede, vielleicht sogar scherzhaft, wenn man feststellt, dass jemand immer das »letzte Wort« haben will. Worte können auch ein Sprich-Wort und Redewendungen sein wie: »Ich gebe dir mein Wort«, »er (sie) steht zu seinem (ihrem) Wort«, »sein Wort halten« und so weiter. Ein besonderes Wort ist in diesem Sinne das Ja-Wort, das sich die Eheleute für ihr Leben geben. Wort steht also häufig für Treue, Zuverlässigkeit. Es gibt aber auch andere Worte, zum Beispiel das Schlag-Wort, das sehr stark modeabhängig ist und keine lange Besinnung zulassen möchte. Dass Worte eine politische Bedeutung haben können, wusste schon Konfuzius, der meint, dass wer die entsprechenden Worte in Besitz nimmt, die Macht hat. Leider mussten wir auch in Deutschland während der NS-Zeit erleben, wie man manche Worte politisch missbrauchte, indem man sie zu Propaganda-Worten machte.

Oft ist es gar nicht leicht, das »rechte Wort« zu finden und manchmal geht uns sogar ein Schimpf-Wort leichter von den Lippen als ein gutes, ein aufmunterndes, ein versöhnendes Wort oder ein Dankes-Wort. Aber es lohnt sich, sich öfter auf die Suche nach dem rechten Wort zu begeben. Schon deshalb, weil es halt immer wieder schön ist, eine nette Ant-Wort zu bekommen.

Helmut Zöpfl

Gespräche

Dialoge gelingen meist nur auf einer Bühne, weil Bühnenautoren von der falschen Voraussetzung ausgehen, dass die Menschen einander ausreden lassen. Aber wo lässt einer den anderen ausreden? Wo gibt es das Gespräch zwischen ihr und ihm, bei dem sie ihm oder er ihr nicht ins Wort fällt? Wo die Podiumsdiskussion, bei der jeder Diskussionsteilnehmer geduldig zuhört, ehe er antwortet? Und wo die Talkrunde, bei der nicht drei Leute zugleich reden? Wenn Diskussionsteilnehmer nur noch gierig darauf warten: Wann komme ich endlich zu Wort?, kann aus einem Dialog kein Meinungsaustausch werden. Dann wird den Zuhörern und Zuschauern nur noch ein Schmierentheater vorgeführt, das auf belustigende oder ärgerliche Weise demonstriert, wie man aneinander vorbeiredet; etwas, was gar nicht gesagt wurde, widerlegt; und das, was unmissverständlich geäußert wurde, ignoriert oder missversteht.

Dieses Ins-Wort-Fallen geschieht doch aus der Angst heraus, der andere könnte mich überzeugen, wenn ich ihn nicht stoppe. Und häufig aus einem Überheblichkeitsgefühl heraus: Was kann ein anderer mir sagen, was ich nicht schon weiß? Für den Dialog wären zwei Verkehrsregeln angebracht! Das Stoppschild, das verbietet, dass man dem, der spricht, die Vorfahrt nimmt; und die Geschwindigkeitsbeschränkung, die jedem untersagt, schneller zu reden als er denken kann.

Walter Rupp

Guten Morgen

Ich finde es nach wie vor schön, wenn mich jemand mit einem »Guten Morgen« begrüßt, auch wenn er oder sie gar nicht lange über diesen Wunsch nachsinnt. Vielleicht sollten wir aber über diese tageszeitlichen Wünsche wieder mehr nachdenken, damit nicht solch inhaltslosen Wörter wie »Mahlzeit«, »Hei«, »Tschüss«, »So long« immer mehr die Oberhand gewinnen. Natürlich kann auch ein »Grüß Gott« oder »Auf Wiedersehen« einfach so dahergesagt sein, aber es liegt auch an uns, beispielsweise ein »Gute Nacht« mit Inhalt zu füllen. Ich denke an unsere wunderschönen Gutenachtlieder, die uns unsere Eltern oder Großeltern am Bett gesungen haben. Wie schade, wenn ein Lied wie »Guten Abend, gut Nacht« mit dem wunderbaren Schlusssatz »Morgen früh, wenn Gott will, wirst du wieder geweckt« in Vergessenheit geriete. Sicher habe ich mit diesem frommen Wunsch besser geschlafen und bin fröhlicher aufgewacht, als hätte ich mir im Fernsehen einen »Tatort« oder einige Werbungsendungen angeschaut, die mir zeigen, was ich alles noch nicht habe und doch eigentlich haben sollte.
Gute Worte sind auch während des Tages so wichtig: Eine kleine Ermunterung, ein Zeichen des Dankes, der Zuneigung, ein fröhlicher Satz oder auch nur ein freundliches Lächeln sind immer wieder willkommene Erfrischungen im manchmal so trockenen Alltagstrott. Vielleicht bedarf es auch einer kleinen Einübung, damit uns irgendwelche Schimpfwörter nicht leichter von den Lippen kommen als diese Zauberwörter, für die wir keinen Zauberstab brauchen und die doch beim Angesprochenen ein freundliches Gesicht hervorzaubern.

Helmut Zöpfl

Sprichwörter

Man sollte nicht sprichwörtergläubig sein, denn in Sprichwörtern steckt nicht immer Weisheit. Und nicht selten widerspricht ein Sprichwort einem anderen. So behauptet ein Sprichwort: »Das Glück hat Flügel«, ein anderes dagegen: »Das Glück hilft keinem, der sich nicht selbst hilft.« Während das eine behauptet, das Glück komme angeflogen, weist das andere darauf hin, dass man es herbeiholen muss. Und die Aussage: »Wer nicht richtig faulenzen kann, kann auch nicht richtig arbeiten«, ist fahrlässig. Denn mancher, der sich für das Faulenzen entschied, fand daran so sehr Gefallen, dass er dabei das Arbeiten verlernte.

Sprichwörter sind auch nicht immer wahr. Es stimmt nicht, dass einer, der in der Jugend nicht töricht war, im Alter nicht weise wird. Torheit ist kein Nährboden für die Weisheit. Im Gegenteil zeigt die Erfahrung, dass der, der in der Jugend töricht war, es meist bis ins hohe Alter bleibt. Wir reden von Volksweisheiten und übersehen, dass es auch Volksdummheiten gibt und selbst Dichter, denen wir tiefe Einsichten verdanken, törichte Gedanken geäußert haben. Mit dem Satz des römischen Dichters Horaz: »Es ist süß und ehrenvoll, fürs Vaterland zu sterben«, wurden Jahrhunderte hindurch Menschen in den Tod getrieben. In Wahrheit ist der Heldentod genau so bitter wie jeder andere Tod. Auf Sprichwörter sollte man nicht nur ehrfürchtig blicken. Sie müssen es sich – wie jeder andere Satz – gefallen lassen, dass man sie nüchtern und kritisch prüft.

Walter Rupp

Reime

»Morgenstund hat Gold im Mund.« Unwillkürlich fallen mir
zu bestimmten Gelegenheiten kurze Reime ein, die ich als
Kind von meinen Eltern oder den Großeltern gehört hatte.
Oft waren es kleine Lebensregeln mit moralischem Inhalt:
»Was du nicht willst, dass man dir tu, das füg auch keinem
andern zu!« Oder: »Quäle nie ein Tier zum Scherz, denn es
fühlt wie du den Schmerz!« Reime gehen ins Ohr und man
merkt sie sich besser als manche Ungereimtheiten. Natürlich
ist das Leben weder ein bloßer Reim noch ein Gedicht. Und
man muss und kann sich nicht auf alles einen Reim machen.
An einem langen Tag kommt mit Sicherheit vieles Ungereim-
te auf uns zu, das wir auf den ersten Blick nicht in eine heile
Reimwelt einordnen können und öfter bringen uns solche
Ungereimtheiten geradezu aus der Fassung. Sind Reime nicht
so etwas wie der Versuch, uns in eine heile Welt zu versetzen?
Auf alle Fälle aber geben sie die Möglichkeit, uns beim Lesen
so mancher Gedichte in eine ganz besondere Stimmung zu
bringen.
In diesem Sinne lasse ich mich in der Hektik eines Tages zwischendurch gerne einstimmen, in eine Stimmung bringen, die
mir hilft, wenn ich von mir selbst den Eindruck habe, allzu
»bestimmt« zu sein und vielleicht den Wald vor lauter Bäumen
nicht mehr zu sehen. Ganz besonders hilft mir dabei ein Vers
aus Eichendorffs »Wünschelrute«:

> »Schläft ein Lied in allen Dingen,
> die da träumen fort und fort,
> und die Welt hebt an zu singen,
> triffst du nur das Zauberwort.«

Man kann sich nur wünschen, jeden Tag so ein Zauberwort
zu entdecken!

Helmut Zöpfl

Poesie

Ein Kachelofen hat etwas Poetisches an sich, weil er nicht nur
Wärme, sondern auch Behaglichkeit ausstrahlt. Dampfheizun-
gen dagegen erhöhen nur die Temperatur der Räume. Kerzen
sind poetisch, weil sie mit dem Licht, das sie spenden, auch
eine festliche Stimmung verbreiten. Neonleuchten leuchten
zwar heller, aber ihre Helligkeit ist kalt. Ein Segelflieger ist
poetisch. Wenn er, lautlos wie ein Vogel, in den Lüften kreist,
hat man den Eindruck, er gehörte zur Natur. Einem Düsen-
jet sieht man trotz seines schnittigen Designs an, dass er nur
ein Beförderungsmittel ist. Eine Kutsche ist poetisch, weil sie
zum Nachdenken und Träumen einlädt und die Erinnerung an
Zeiten weckt, wo man noch Zeit hatte. Das gilt für moderne
Automobile nicht, weil sie es immer eilig haben. Und Briefe
können – vor allem, wenn sie handgeschrieben sind – poetisch
sein, weil der Briefeschreiber darin gegenwärtig ist, was man
von einer E-Mail nicht sagen kann.
Aber wozu sind die Dinge, die von einem Geheimnis umgeben sind und etwas Poetisches an sich haben, nützlich? Wir
sollten sie nicht, weil der Fortschritt das verlangt, ganz aus-
sortieren und uns nur mit Gebrauchsgegenständen umgeben.
Würden wir nur Sach- und Fachliteratur inhalieren und die
alten und vertrauten Dinge durch immer perfektere ersetzen,
würde unsere nüchterne und kalte Umwelt noch nüchterner
und kälter. Das Poetische trägt dazu bei, dass unser geschäftiger, auf Zweckmäßigkeit ausgerichteter Alltag nicht noch
stumpfsinniger und öder wird.

Walter Rupp

Ohrwürmer

Geht es Ihnen wie mir? Man wacht auf und hat aus dem Traum oder durch eine Melodie, die man im Rundfunkwecker hört, ein Lied in sich, das sich geradezu einnistet, einen Ohrwurm, der einem nicht mehr aus dem Sinn geht. Es kann sein, dass uns dieser bis in die Abendstunden begleitet. Das ist etwas ganz anderes als bei mit eingestöpselten Kopfhörern in der U-Bahn fahrenden Jugendlichen oder im Fitness-Studio radelnden Menschen, wo ein Musikstück auf das andere folgt. Manchmal bestimmt dieser Ohrwurm für einen Tag sogar ein wenig unseren Rhythmus. Wir sind selber ein Teil vom ihm geworden. Lieder sind nicht nur gute Begleiter für einen Tag, sondern oft über Jahre, ja fürs ganze Leben. Oft klingt bei irgendwelchen Gelegenheiten, an irgendwelchen Orten, bei irgendwelchen Begegnungen ein Lied aus ferner Vergangenheit in uns auf, vielleicht ein ganz altes Kinderlied, das uns die Mutter zum Einschlafen vorgesungen hat.
Ist Ihnen schon aufgefallen, dass die Menschen immer weniger singen, gerade unsere Kinder? Vielleicht, weil für Lieder in der Schule in einem auf »Effektivität« ausgerichteten Lehrplan immer weniger Zeit für das Musische bleibt oder es auch bequemer ist, sich vom iPod berieseln zu lassen.
Ich denke auch an die vielen schönen Kirchenlieder, die wir damals noch auswendig gelernt haben und die mir bei Gelegenheit, gleich ob ich sie nur im Ohr habe oder auch singe, Trost und Heimat geben.
Ohne Lieder wäre für mich die Welt leerer und öder. Sie sind die musikalischen Farbtupfer, die einen grauen Alltag bunter machen können, sogar wenn wir nur ein wenig vor uns hinsummen. Möge Ihnen der heutige Tag ein schönes Lied aufklingen lassen oder versuchen Sie doch, Ihrem Tag ein solches Lied zu schenken.

Helmut Zöpfl

Musikinstrumente

Eine Flöte tut sich leicht, sich in die höchsten Tonlagen zu erheben. Man schaut ihr gerne zu, wie sie sich dort, gleich einem Seiltänzer, elegant und leichtfüßig bewegt. Cellos sind dagegen immer ernst und treten gern im schwarzen Anzug auf. Weil sie Gefühle schnell in Wallung bringen können, setzt man sie gern bei Beerdigungen oder feierlichen Anlässen ein. Gitarren lassen sich, weil sie von Natur aus eine Wanderlust mitbekommen haben, gern in Gesellschaft mitnehmen, um dort eine gute Stimmung zu verbreiten. Leider gehen sie mit jedem mit und werden häufig von denen missbraucht, die auch noch schlecht singen. Trompeten stellen sich gern selbstbewusst in den Mittelpunkt, und tun alles, die gesamte Aufmerksamkeit auf sich zu ziehen. Und Orgeln sind so sehr von sich eingenommen, dass sie neben sich meist niemand dulden, nicht einmal den Kirchengesang und oft nicht den Chor und das Orchester. Konzertflügel und Pianos sind überaus empfindliche Kreaturen, die darunter leiden, wenn Musikschüler oder Nichtskönner auf ihren Tasten herumhämmern wie auf einer Schreibmaschine. Dann schreien sie auf und winden sich vor Schmerzen. Läge es an ihnen, würden sie sich nur von Künstlern berühren lassen, die so sensibel sind, als hätten sie in jedem ihrer Finger eine Seele.

Musikinstrumente wollen nicht nur Töne von sich geben. Sie wollen mehr: dass sie ihren Charakter zeigen dürfen und was in ihnen steckt. Sie sind enttäuscht, dass man sie häufig nur gebraucht, die Stille zu verscheuchen.

Walter Rupp

Das Wesentliche

Noch heute erinnere ich mich jedes Mal, wenn ich an der Eierwiese in Grünwald, die längst keine Wiese mehr ist, vorbeifahre, an einen Schulwandertag dorthin. Wir hatten uns vor allem gefreut, weil wir nachmittags mit unserer Parallelklasse, die ebenfalls mitwanderte, ein Klassenspiel vereinbart hatten. Als wir angekommen waren, fragten wir unseren Turnlehrer nach dem Ball. Er antwortete: »Ihr seid gut, ich habe doch gesagt, dass einer der Klassensprecher den aus der Turnhalle mitnehmen sollte.« Der Mitschüler aber hatte sich auf unseren Sportwart verlassen. Meine Enttäuschung war riesig: Das für meine Begriffe Wichtigste hatten wir vergessen! Geht es uns nicht oft so, dass wir manchmal früher, manchmal später feststellen, das Wichtigste oder zumindest etwas ganz Wichtiges vergessen zu haben? Manchmal, wenn diese Erkenntnis noch rechtzeitig kommt, kann man sich ja um eine Nothilfe bemühen: Man hat etwa bei einem Friedhofsbesuch die Kerze, aber keine Zündhölzer dabei. Eine Anfrage bei anderen Friedhofsbesuchern bringt uns sicher weiter. Schlimmer ist es, wenn man nicht rechtzeitig zu dieser Erkenntnis des Vergessenhabens gelangt, wie etwa die Schildbürger, die beim Bau ihres Rathauses vergaßen, Fenster einzubauen. Gerade bei manchen Festen hat man den Eindruck, dass man, ganz gleich, ob es sich um Ostern oder Pfingsten handelt, nicht einmal mehr nachdenkt, was das Wesentliche daran ist und warum wir ein paar freie Tage geschenkt bekommen. Und geht es uns nicht auch im persönlichen Leben oft so, dass wir vor lauter Terminen vergessen, dass Zeit nicht bloß da ist, um sie aufzuteilen, sondern vor allem Zeit zum Leben ist. Es schadet bestimmt nicht, sich morgens einmal die Frage zu stellen, ob wir nicht an diesem Tag einen Zeitpunkt festlegen sollten, an dem wir uns Zeit nehmen, etwas zu tun, das uns auch abends noch als wesentlich erscheint.

Helmut Zöpfl

Bibelgeschichten

Die Bibel erzählt viele Geschichten nicht zu Ende. Wir wüssten gern, wohin Adam nach seiner Vertreibung ging und wie Eva mit ihren Schuldgefühlen fertig wurde? Wie ging es mit Salome weiter? Ließ Herodes sie – damit sie nicht wieder einen Kopf verlangt – bei Gelagen nie mehr tanzen? Und ließ sich der Hauptmann, der unter dem Kreuz ausgerufen hatte: »Wahrhaftig, dieser Mann war Gottes Sohn!«, bald danach taufen? Wie erging es den Aussätzigen nach ihrer Heilung, den Tauben und den Blinden? Entschloss sich der reiche Jüngling doch noch, wenigstens einen Teil seines Vermögens zu verschenken? Ging die Samariterin, die fünf Männer hatte und doch keinen, nach dem Gespräch mit Jesus noch eine Ehe ein, oder lebte sie mit einem sechsten Mann zusammen? Wann traute Nikodemus sich das erste Mal am hellen Tag zu Jesus? Zweifelte Thomas nie wieder oder äußerte er neue Zweifel: »Wenn ich nicht sehe, wie er auf den Wolken des Himmels wiederkommt, glaube ich nicht.«? Wie viele ungerechte Urteile fällte Pilatus noch? Oder quittierte er aus Reue über seine Fehlentscheidung seinen Dienst? Und logen die Wächter, die das Grab Jesu bewacht hatten, sich und anderen ein Leben lang vor, sein Leichnam sei gestohlen worden, während sie schliefen?

»Vieles wurde nicht aufgeschrieben, weil die Welt die Bücher nicht fassen könnte« – so beendet Johannes sein Evangelium. Aufgeschrieben wurde nur, was für unser Seelenheil wichtig ist, nicht aber, was nur der Befriedigung unserer Neugier dient.

Walter Rupp

Natur erleben

Vor einiger Zeit las ich eine Pressemitteilung, von ministerieller Seite sei für einige Tausend Euro Heu an Grundschulen verschickt worden, damit die Kinder, die nicht auf dem Land aufwachsen, wenigstens einmal den Geruch des Heus schnuppern und einmal ein Schüppel davon anfassen können. Schon lange Zeit ist ja im Gespräch, dass Kinder immer häufiger die Natur und natürliche Dinge nicht mehr so sehr in ihrer ursprünglichen Beschaffenheit erfahren, sondern, weil sie mehr Zeit mit allen möglichen Medien verbringen, zum Beispiel – das wohlbekannte Beispiel – glauben, Kühe seien tatsächlich lila und die Milch komme aus Tetrapackungen.
Apropos Tiere: Bei einer Umfrage konnte ich schon vor Jahren feststellen, dass Kinder diese teilweise eher in ihrer Zeichentrickform kennen, das Reh als Bambi, die Ente als Donald Duck und Katze und Maus als Tom und Jerry. Gefährlich wird es aber da, wo Tiere entsprechend mancher Zeichentrickfilme geradezu mit dem Begriff »Monster« in Verbindung gebracht werden.
Ich glaube, es ist höchste Zeit, dass wir uns darauf besinnen, uns und unsere Kinder und Enkel nicht ganz und gar einer virtuellen Welt zu überlassen. Wenn ich etwas zu sagen hätte, dann wären Ferien auf dem Bauernhof Pflicht für alle jene, die keine Gelegenheit mehr zu solchen ursprünglichen Erfahrungen haben. So ein Besuch auf dem Bauernhof bringt in der Regel mehr als einer in der Kinderuniversität, bei der manche Eltern die Hoffnung haben, ihr Kai Uwe oder die kleine Nadine könnten vielleicht schon ein Vordiplom für ihre spätere akademische Karriere ergattern.
Mein Appell geht an alle Eltern und Großeltern, die Kinder einmal für einen Spaziergang an die Hand zu nehmen. Auch in der Großstadt bieten sich viele Möglichkeiten, zu allen Jahreszeiten noch Begegnungen mit der unmittelbaren Natur zu erleben: die Flussauen, der Park, der Zoo, das Tierheim,

der Botanische Garten oder auch der kleine Heimgarten von Onkel und Tante.

Den Erwachsenen tut ein solches Naturerlebnis ebenso gut; ihnen wünsche ich viele Tage, an denen Sie die Schönheit der Schöpfung wenigstens für ein Stünderl in vollen Zügen genießen können.

Helmut Zöpfl

Kinderuniversität

Die Kinderuniversität macht die Kinder überglücklich, weil sie nun ihre Fragen nicht mehr Eltern oder Lehrern, sondern Dozenten stellen dürfen, die die Antwort wirklich wissen. Eltern stellen mit Erstaunen fest, wie ihre Kinder, die doch den Unterricht zuweilen hassen, in einem Hörsaal auf einmal verstehen, was sie in einem Klassenzimmer nicht verstanden haben. Sogar Einsteins Relativitätstheorie begreifen sie problemlos. Es ist doch klar, dass man sich über eine schlechte Note länger ärgert als über eine gute freut; dass die Zeit vor einem Fernsehgerät schneller als eine Schulstunde vergeht; und eine Nacht umso kürzer ist, je später man sich ins Bett legt. Die Professoren können sich nicht genug darüber wundern, wie aufmerksam die Kleinen ihren komplizierten Überlegungen folgen und finden daran Gefallen, wenn ihnen die Kinder durch lautes Lachen das seltene Gefühl vermitteln, es sei ihnen nach Jahren wieder einmal ein Scherz geglückt.

Die Kinder, die darunter leiden, dass man ihnen im Kindesalter Märchen erzählt, statt sie mit den Erkenntnissen der Wissenschaft vertraut zu machen und die man noch immer zwingt, an einer Schule herumzusitzen, bis sie zur Universität zugelassen werden, hoffen nun, dass man sie demnächst in Forschungslabors herumexperimentieren lässt, bis auch ihnen Erfindungen gelingen, und dass man bald sogar die Kinderpromotion erfindet! Denn wenn Kinder schon als Kinder wissen, was Erwachsene wissen sollten, werden sie als Erwachsene nicht mehr studieren müssen.

Walter Rupp

Sandmännchen

Sandmännchen müssen sich heute beruflich neu orientieren.
Denn die Zeiten sind vorbei, in denen die Kleinen mit offenem
Mund und leuchtenden Augen ihre Geschichten anhörten.
Heute muss sich ein Sandmännchen schon von den kleinsten
Kindern belehren lassen, dass es weder Zauberer noch Feen
gibt; dass Tiere auch in der Vorzeit nicht sprechen konnten
und nie sprechen werden; und dass man an Märchen glaubte,
als man noch unterentwickelt war und noch keine Raketen
bauen konnte. Heute greifen unsere Kleinen lieber zu ihren
Handys oder widmen sich ihren Videospielen am PC, statt
ihre Zeit mit Fantasiegeschichten zu vergeuden.
Weil Kinder sich keinen Sand mehr in die Augen streuen lassen, kommen sich Sandmännchen überflüssig vor. Es wäre
jedoch schade, wenn es sie nicht mehr gäbe. Wir brauchen sie,
damit unsere so nüchterne und kalte Welt nicht ganz austrock-
net. Denn in den Märchen, die von weisen Menschen erdacht
wurden, steckt meist mehr Weisheit als in Tatsachenberichten
oder manchen Büchern.
Auch der moderne, aufgeklärte Mensch glaubt gern an Zau-
berei und Spukgeschichten. Sandmännchen sollten deshalb
auf ihren Sandsack achten, dass ihn niemand in Zeitungsre-
daktionen, Fernsehstudios oder Wahlbüros schleppt und den
Leuten Sand in die Augen streut, bis sie Vermutungen mit
Tatsachen verwechseln und an die Mär über die Zauberkraft
von Wahlprogrammen glauben. Märchen sollte man sich von
niemandem sonst, nur von Sandmännchen erzählen lassen!

Walter Rupp

Regierungsform

Völker haben immer eine Regierung, auch wenn ein Volk eine Regierung nicht verdient. Und oft haben die Völker wirklich die Regierung, die sie verdienen.

Die Neandertaler wählten denjenigen zu ihrem Anführer, der die Keule am besten zu schwingen verstand. Er musste – in einer Zeit, in der die Lebensbedingungen hart waren – vor allem Mut und Kraft besitzen. Die Philosophen der Antike empfahlen, denen die Regierung anzuvertrauen, die sich durch Denkfähigkeit und Urteilskraft auszeichnen. Sie wollten die geistige Elite an der Spitze. Aber sie übersahen, dass für das Regieren auch andere Qualitäten nötig sind, vor allem die Fähigkeit, etwas durchzusetzen. Die mittelalterlichen Monarchien wollten, dass diejenigen regieren, die adeliger Abkunft sind. Sie waren von der geistigen und moralischen Überlegenheit des Adels überzeugt und mussten die Erfahrung machen, dass man mit dem blauen Blut nicht nur Vorzüge erbt. In den Diktaturen bestimmte immer derjenige, der es verstand, die Masse einzuschüchtern und die Dreistigkeit besaß, die Macht an sich zu reißen. Dann musste sich das Volk gefallen lassen, wie er sein Wohl über das Wohl des Volkes stellte. Die parlamentarischen Demokratien räumen jedem die gleichen Rechte ein und erlauben ihm, mitzubestimmen. Dennoch ist das Zusammenleben oft nach einer nicht in Gesetzen festgeschriebenen Hackordnung geregelt. Und oft bestimmen die, die ihre Ellenbogen zu gebrauchen wissen.

Die Antwort auf die Frage, welche Regierung die beste ist, kann darum nur lauten: die Regierung, die nicht über andere herrschen will und es versteht, die Ellenbogenmenschen, die ja kleine Diktatoren sind, daran zu hindern, dass sie dominieren.

Walter Rupp

Wahrheit

Viele Presseorgane, gerade die Boulevardzeitungen und die sogenannte Regenbogenpresse, versuchen mit Schlagzeilen wie »Die Wahrheit über ...«, »Die wahren Hintergründe von ...« und so weiter unsere Aufmerksamkeit zu erregen. Häufig verwendet man dafür auch den Begriff »Enthüllung«. Dabei kann es aber passieren, dass der Begriff der Wahrheit mit dem der Indiskretion verwechselt wird. Es mag zwar wahr sein, dass es in der Ehe irgendwelcher Promis kriselt und das ein oder andere Ereignis mag sich wirklich so zugetragen haben, aber man kann dafür kaum den hohen Begriff »Wahrheit« strapazieren. Mit der Wahrheit ist es oft gar nicht so einfach. Sicher wird derjenige Mensch geschätzt, der die Wahrheit sagt. Aber wollen wir, auch wenn es der Wahrheit entspricht, zwingend hören, dass wir wieder ein paar Kilo zugelegt haben, dass uns die Krawatte nicht steht etc.? Die Wahrheit zu sagen, darf nicht mit Wahrheitsfanatismus verwechselt werden. Man kann sich ja durchaus an die Wahrheit halten, aber keiner verlangt, dass man alles weitersagen muss.

Was die Wahrheit letztens ist, ist vielleicht die spannendste Frage der Menschheit. Schon Pilatus soll ja gefragt haben: »Quid est enim verum?« – »Ja was ist denn die Wahrheit wirklich?« In unserer schönen bayerischen Verfassung steht der Satz, dass man zur »Aufgeschlossenheit für alles Wahre, Gute und Schöne« erziehen soll. Wo aber finden wir diese Werte genau? Gar nicht so leicht also. Der Christ findet eine bemerkenswerte Aussage im Evangelium. Christus sagt nämlich: »Ich bin der Weg, die Wahrheit und das Leben ...« Und der Apostel Paulus gibt zu bedenken, dass es mit der Wahrheit allein nicht getan ist, wenn die Liebe fehlt.

In diesem Sinne verstößt man gewiss nicht gegen die Wahrheit, wenn man im Lauf des Tages auch einmal ein Auge zudrückt.

Helmut Zöpfl

Lüge

Der Philosoph Gottfried Friedrich Lichtenberg begann einmal eine Vorlesung mit dem Satz: »Heute sprechen wir über die Lüge. Bevor ich jedoch damit beginne, möchte ich wissen, wer mein Buch ›Verschiedene Arten der Lüge‹ gelesen hat?« – Als die Mehrzahl der Studenten auf diese Aufforderung hin die Hand erhob, bedankte er sich mit den Worten: »Ich habe nie ein Buch über die Lüge geschrieben. Sie ersehen daraus, wie wichtig diese Vorlesung ist.« Auch heute würden die meisten bei der Frage, ob sie ein Buch gelesen haben, das nie geschrieben wurde, ihre Hand erheben. Eine Belehrung über das Lügen ist darum immer angebracht.

Die meisten sind der Meinung, es sei unmöglich, ganz ohne Lügen auszukommen. Sie lügen, nicht weil sie lügen möchten, sondern weil sie fantasielos sind und nicht die Geschicklichkeit besitzen, sich indiskreten Fragen und aufdringlichen Fragestellern zu entziehen. Das Gebot: »Du sollst kein falsches Zeugnis geben« verlangt, dass man die Wahrheit nicht verdreht, nichts hinzufügt oder weglässt und sie nicht schminkt. Es gebietet aber nicht, dass man die Wahrheit immer und jedem gegenüber offenlegt. Und es verbietet nicht, dass man über die Wahrheit schweigt, sie übergeht, sie vor Missbrauch und vor denen schützt, die damit nicht umgehen können.

Der Mensch, der immer dazu neigte, sich und andere zu belügen, ist dann am meisten in Gefahr, die Unwahrheit zu sagen, wenn er Unwissenheit oder Schwächen eingestehen soll. Immer dann, wenn er im Rampenlicht steht und sich darstellen darf: vor Kameras und Mikrofonen. Es ist deshalb immer Skepsis gegenüber den Aussagen angebracht, die vor einem großen Publikum geschehen. – Manchmal wäre die nackte Wahrheit die beste Tarnung, weil doch niemand sie glaubt.

Walter Rupp

Vom Faulsein-Dürfen

Als ich heute aufgewacht bin, habe ich mir wie so manches Mal zuerst mein Tagesmotto überlegt. Und wissen Sie, zu welchem ungewöhnlichen Ergebnis ich gekommen bin? Ich habe mir vorgenommen, heute an diesem, meinem freien Tag nur eins zu sein, richtig faul. Wussten Sie, dass unser so humorvoller erster Bundespräsident Theodor Heuss sogar darüber nachgedacht hat, ob man nicht ein Recht auf Faulsein-Dürfen im Grundgesetz verankern sollte? Dazu kommen mir ein paar lustige Sprüche in den Sinn, die mein Freund, der Pfanzelt Maxi, gelegentlich zum Lob der Faulheit verkündete: »Lieber in der Früh nichts tun, als am Nachmittag arbeiten« oder: » Arbeit macht das Leben süß. Schade, dass mir der Doktor Süßigkeiten verboten hat!«

Natürlich fällt mir in diesem Zusammenhang die schöne Geschichte ein, in der ein geschäftiger deutscher Urlauber einen südländischen Fischer fragt, warum er noch nicht zum Fischen ausgefahren sei, und der antwortet: »Weil ich heute den schönen Tag genieße.« Der Urlauber lässt nicht locker: »Denkst du nicht daran, was dir heute entgeht, wenn du nur faul daliegst? Du könntest dir, wenn du fleißiger wärst, noch ein zweites Boot leisten.« – »Und was sollte ich dann tun?«, fragt der Fischer zurück. »Wenn du entsprechend Geld erworben hättest, könntest du in aller Ruhe ausspannen.« – »Nun, siehst du nicht, dass ich das gerade mache?«, meint darauf der Fischer belustigt.

Ja, ich weiß, wie gefährlich es wäre, die sogenannte Arbeitsmoral total zu untergraben. Wo kämen wir denn da hin? Aber heute halte ich es trotzdem einmal mehr mit dem Pensionisten, der gefragt wurde, was er jetzt vorhabe. »Zuerst kaufe ich mir«, sagte der, »einen Schaukelstuhl.« – »Und dann?« – »Dann setze ich mich gemütlich rein.« – »Ja und dann?« – »Dann fange ich ganz gemütlich an zu schaukeln.«

Wie auch immer Sie heute Ihren Tag verbringen wollen, ich wünsche Ihnen, dass Sie alles gut schaukeln.

Helmut Zöpfl

Handys

Das Handy macht es möglich, dass man auf dem Waldspaziergang oder im ICE, beim Einkaufen oder Joggen, beim Reiten oder in der Badewanne erreichbar ist. Aber warum legen wir Heutigen so großen Wert darauf, überall und jederzeit erreichbar zu sein? Welches Ereignis ist so wichtig, dass man es sofort wissen muss? Welche Frage ist so dringend, dass sie noch in dieser Stunde beantwortet werden muss? Und welche Entscheidung ist von solcher Bedeutung, dass sie nur von mir getroffen werden kann?

Ist uns klar, dass es kein Vorteil ist, wenn man sich nicht mehr verstecken kann und jeder jederzeit Zugang zu einem hat? Das heißt doch: dass alle Türen Tag und Nacht offen stehen, auch für den ungebetenen Gast. Man macht sich schutzlos, wenn es das Vorzimmer, die Anmeldung, den Referenten, der aussortiert, nicht mehr gibt und wenn man gezwungen wird, sich augenblicklich mit dem auseinanderzusetzen, was ein anderer gerade will. Schon die Kinder haben sich daran gewöhnt, das, was sie bewegt, sofort mitzuteilen, weil man nichts mehr für sich behalten und eine Weile mit sich herumtragen kann. Wenn man alles ungefiltert weitergibt und nicht erst einmal durchdenkt oder durchleidet, ehe man sich äußert, dann ist es nicht verwunderlich, dass man sich bei den Zusammenkünften nichts mehr zu sagen hat, weil man ja alles schon gesagt hat. Das zügellose, ungehemmte Mitteilungsbedürfnis verführt dazu, über das zu reden, worüber man sich im Augenblick erregt, was aber schon nach einer Stunde ganz anders aussieht. Ja, dass man Entscheidungen trifft, die man am nächsten Tag bereut. Alle, die sich so wichtig nehmen, sollten nicht vergessen: dass man Jahrtausende ohne sie auskam und eine Zeit kommen wird, wo die Menschheit ohne sie auskommen muss.

Walter Rupp

Neue Sprache

Es ist eine bekannte Tatsache, dass unsere Sprache einer steten Veränderung unterzogen ist. Dies scheint gerade in unserer stark von den Medien geprägten Zeit der Fall zu sein. Besonders unglücklich sind darüber die Mundartfreunde, die immer wieder feststellen, dass gewisse Ausdrücke rapide aus dem Sprachgebrauch verschwinden und lediglich in Lexika noch ihren Platz haben. Aber es geht auch um eine Sprachverarmung in der Schriftsprache. Das mag nicht zuletzt an unserer SMS-(Un-)Kultur liegen, in der man möglichst kurz und natürlich ohne jeden Versuch der Sprachgestaltung ein paar Fakten übermittelt. Denken Sie nur, wie man früher, als man noch lange Briefe schrieb, sich bemühte, eine blumenreiche Sprache zu wählen. Heute ist es mit ein paar Stichworten getan, mit denen man ohne Umschweife zum vermeintlich Wesentlichen kommt. Auch das sogenannte »Denglisch« trägt zu einer Sprachverflachung bei.

Weniger als Sprachverlust aber ist die fortschreitende Neigung zur Umschreibung zu werten, die es ermöglicht, bestimmte Sprachhärten zu beseitigen und die geradezu als kreativ angesehen werden kann. Ein paar Beispiele, die, ich muss es gestehen, auch von meiner Seite eine gewisse Sympathie genießen: Statt »Ich habe etwas vergessen« zu sagen: »Ich setze da andere Prioritäten«; statt von Unpünktlichkeit von einem »freien Umgang mit der Zeit« und statt von Leichtsinn von »Kreativitätsspielraum« zu sprechen. Der Begriff Egoismus ist schon lange von Emanzipation oder Selbstverwirklichung abgelöst, der der Gleichgültigkeit durch Liberalität, und Sturheit wird wohl besser als Nachhaltigkeit bezeichnet. Ich schlage noch weitere Wortverschöner vor: statt Hansdampf in allen Gassen – Global Player; statt Unkonzentriertheit – Flexibilität; statt Rechtschreibschwäche – freies Schreiben; und schließlich statt Dummheit – Mut zur Lücke …

Helmut Zöpfl

Zerstreuung

Was strömt nicht alles in einer Fußgängerzone auf uns ein: Da wird ein Schaufenster neu gestaltet. Gleich daneben kündigt ein Geschäft seinen Ausverkauf mit herabgesetzten Preisen an. An einer Häuserwand prangt ein Plakat mit dem Kopf eines Abgeordneten, den ich wählen soll. Vor mir jault ein Hund. Auf der anderen Straßenseite quengelt ein Kind. Ein paar Schritte weiter versucht ein Sektenangehöriger, mich anzusprechen. Vor einem Hauseingang hält mir ein Bettler seinen Hut entgegen. Gleich danach drückt mir einer ein Informationsheft über die richtige Ernährung in die Hand. Da streitet ein Mann mit seiner Frau und dort spielen Musikanten aus Südamerika eine fetzige Melodie. Es ist kaum möglich, einen Schritt zu tun, ohne dass irgendwer oder irgendwas um meine Aufmerksamkeit wirbt. Wäre ich bereit, mich all den Reizen, die da auf mich zukommen, auszusetzen, ich käme nie an ein Ziel. Wer ein Ziel erreichen will, muss sich oft zwingen, nicht hinzuhören und nicht hinzusehen.

Wir sind in Gefahr, dass wir in permanenter Zerstreuung leben, dass sich unser Dasein nur noch aus hastig aufgenommenen Ereignissen zusammensetzt und unsere Tage nur noch aus einem wirren Knäuel von Eindrücken oder aus wahllos zusammengefügten Nachrichten, Informationen und Gesprächsfetzen bestehen. Ja, dass diese Reize uns tyrannisieren und nicht mehr wir, sondern sie unser Leben bestimmen. Wir sollten uns auf keinen Fall die Freiheit nehmen lassen, das, wofür wir uns interessieren möchten, selbst zu wählen.

Walter Rupp

Gelassenheit

Urlaub, Ferien, ein freier Tag bedeutet in der Regel auch ein wenig Abstand von Beruf und Alltag. Man liegt vielleicht an einem windstillen Platz im Gras, schaut den Wolken nach, schwingt sich in Gedanken auf zu so einem weißen Himmelsschiff, blickt auf sich herunter und entdeckt sich als einen winzigen Punkt. Und auf einmal kann uns aufgehen, wie wichtig wir uns wieder lange Zeit genommen haben. Der Blickpunkt »von höherer Warte« auf uns herab kann helfen, die Maßstäbe wieder etwas zurechtzurücken und uns deutlich zu machen, dass wir nicht der Nabel der Welt sind, um den sich alles dreht. Und das ist eine gute Voraussetzung dafür, dass wir ohne lange Kurse und Therapien ganz einfach einmal loslassen und entspannen können.

Vielleicht ist diese »Gelassenheit« sogar ein ganz besonderer Ausdruck der so oft zitierten menschlichen Freiheit. Gelassenheit bedeutet nicht, sich einfach gehen zu lassen, ist nicht identisch mit Wurstigkeit, Gleichgültigkeit oder Apathie, sie ist vielmehr eine heitere Einsicht in unsere Begrenztheit und Unzulänglichkeit. Die Gelassenheit gibt uns jene Heiterkeit und das richtige Maß für die Dinge, die wir nicht ändern können, und wird zum Humor. So lautet mein Tageswunsch für Sie heute:

> Ich wünsch' dir Heiterkeit des Schwebens,
> Gelassenheit und viel Humor.
> Sie sind der Schwimmgürtel des Lebens
> für das, was ist und steht bevor.
>
> *Helmut Zöpfl*

Ferienzeit

Jean Paul, der von sich sagt: »Ich möchte noch heute den Totenschädel des Mannes streicheln, der die Ferien erfunden hat«, könnte sicher sein, dass ihm alle Schüler, alle Studenten, Lehrer und Dozenten in Scharen zur Schädelstätte des »Ferien-Erfinders« folgen würden, ausnahmslos.

Während die Völker das Andenken an ihre üblen Exemplare, an die Menschenverächter, von denen sie schikaniert wurden, durch die Jahrhunderte schleppen und ihre Kinder auch noch zwingen, sich deren Namen einzuprägen – ja sogar Denkmäler für sie errichten –, vergessen sie die vielen, die keine Kriege angezettelt haben und keine Völker unterdrückten, aber durch eine unscheinbare Tat: durch ein Kunstwerk oder eine Entdeckung in einem Labor, unser Leben reicher machten. Ob man auch einmal das Verlangen hat, die Totenschädel der Erfinder der Trimm-Dich-Geräte, die uns fitter machen, und der Computerspiele, die uns bei der Freizeitgestaltung helfen sollen, zu streicheln? Es könnte sein, dass man sie einmal im Zorn zertrümmert, weil sie die Langeweile nicht vertrieben haben, sondern brachten.

Ohne Muße könnte die menschliche Gesellschaft keine Leistung bringen. Sie wäre ein Termitenstaat, ein Gebilde, das sich von einem Ameisenhaufen kaum unterscheidet. Wir Menschen wurden nicht nur geschaffen, dass wir etwas schaffen. Der »Ferien-Erfinder« hatte verstanden, warum die Bibel verlangt, dass der Mensch am siebten Tage ruhen soll: weil er nicht kreativ sein kann, wenn er keine Kräfte sammelt und nicht ruht.

Walter Rupp

Bilder

Von den vielen gescheiten Sätzen, die ich am Stammtisch von dem unvergessenen Münchner Schriftsteller Sigi Sommer gehört habe, ist mir einer ganz besonders im Gedächtnis geblieben. Als er wieder einmal gefragt wurde, wie er das wohl mache, die Welt, vor allem die kleine Welt, so anschaulich und treffend zu beschreiben, sagte er: »Das ist doch ganz einfach. Ich denk ein bisserl nach und dann entsteht vor mir ein Bild aus meinen Erlebnissen und Erinnerungen, und dann mache ich dasselbe wie ein Maler, ich mal es einfach mit meinem Bleistift in Worte ab.« Auch wenn ich es nie so meisterlich wie er geschafft habe, der Tipp hat mir wichtige Anregungen gegeben, einfach die Bilder aus meinem Gedächtnis abzurufen und dann zu Papier zu bringen. Zumindest eine kleine Zahl von Gedichten ist so entstanden. Gott sei Dank waren meine Kindheit und Jugend voll von vielen Erlebnissen, die zu unvergessenen Bildern wurden, aber nicht nur Bilder, die ich mit den Augen wahrgenommen habe. Die Bilder haben auch oft einen Geruch – es muss nicht einmal immer ein Duft sein –, sie haben Töne, sind sogar Lieder. Sie schmecken, sind weich und zart, aber auch einmal »wax«, wenn ich an das Barfußlaufen über die Stoppelfelder beim Drachensteigenlassen denke. Wie arm müssen da manche Kinder und Jugendlichen sein, deren Bilder in rascher Abfolge vom Fernsehen oder dem Internet geliefert werden. Ich glaube, es wäre eine der vordringlichsten Aufgaben einer Erziehung im Sinne einer »Lebenshilfe«, Kindern wieder möglichst viele lebendige Begegnungen mit der Schöpfung, mit Mensch, Tier und Pflanze und den Dingen zu ermöglichen und sie vor allem als Mitgestalter solcher Bilder zu begeistern. Auch Ihnen gibt der heutige Tag gewiss die Chance, ein paar schöne Bilder wahrzunehmen und vielleicht in einer ruhigen Stunde mit Bleistift oder Pinsel abzumalen.

Helmut Zöpfl

Graffitis

Hässlichkeit tut den Augen weh. Unsere Augen wollen etwas sehen, woran sie sich erfreuen können. Niemand schaute mit Wohlgefallen auf die Berliner Mauer, dieses Denkmal der Schande. Und niemand schaut gern auf Betonwände, auf Bauzäune, Unterführungen oder Schallschutzmauern. Sie reizen Künstler – vor allem die, die sich dafür halten –, des Nachts bei spärlichem Licht ihre hässliche Oberfläche mit Spraydosen zu besprühen und mit Graffitis ansehnlicher zu machen.

Aber was treibt die Graffitikünstler an, auch das, was nicht hässlich ist, durch wahlloses Beschmieren hässlich zu machen: U-Bahn-Wagen, Eisenbahnzüge, Denkmäler, Wartehallen oder Grabsteine, ja sogar historische Gebäude? Wie die Hand im Buch Daniel zum Entsetzen der Anwesenden das Menetekel, eine Warnung, an die Wand schrieb, schreiben heute anonyme Hände Nacht für Nacht aus purem Übermut unheilverkündende Botschaften, Drohungen und Unmutsäußerungen oder auch nur Kritzeleien an leere Wände, übermalen Gegenstände und verunstalten sie. Die Beseitigung dieser Vandalenkunst wurde für die Kommunen eine teure Angelegenheit und kostet jährlich viele Millionen.

In den Menschen unserer Zeit regt sich noch immer, wie bei den Wand- und Höhlenmalern der Steinzeit, der Drang, die Umwelt zu gestalten. Die zeitgenössischen Graffitikünstler, die meist Mühe haben, das Gestalten vom Verunstalten zu unterscheiden, sollten bei den Höhlenmalern, die noch wussten, wie man die Umwelt schöner macht, in die Schule gehen!

Walter Rupp

Schulanfang

Da stehen sie schon wieder mit ihren Schultüten und den erwartungsvollen Gesichtern, die Abc-Schützen. Da schau her, wie witzig – ich bemerke bei einem ein T-Shirt, auf dem steht: »Abitur 2027«. Kurz nachgerechnet: 2015 plus zwölf ergibt diese Zahl. Also bleibt doch das G8. Auch wenn ich schmunzeln muss, werde ich doch ein wenig nachdenklich. Ist es nicht wirklich so, dass viele Eltern vom ersten Schultag an schon an den Übertritt ins Gymnasium denken? Hat die erste Klasse und haben all die schönen neuen Erlebnisse für manche nicht ihren eigenen Sinn, ihren Eigensinn verloren? Sind sie und die folgenden Grundschulklassen nur noch Vorbereitung – notfalls mit der entsprechenden Nachhilfe –, damit das Kind das »gelobte Land« in Form der höheren Schule erreicht? Wo bleibt für viele allzu ehrgeizige Eltern, die es wahrscheinlich als größte Auszeichnung sähen, wenn ihr Kind sogar noch eine Klasse überspränge, der Begriff »Schulleben«?
Der ehemalige Kultusminister Hans Maier, ich erinnere mich genau, hat immer wieder auf die Bedeutung vom Schulleben hingewiesen und betont, dass diese Zeit ihren Eigensinn hat, einmalig und unwiederbringlich. Wie sagt doch Michael Ende so schön: »Leben ist Zeit. Und Zeit ist Leben.«
Das gilt natürlich nicht nur für die Schulanfänger, sondern auch für Ihren heutigen Tag. Die Zeit desselben ist vorgegeben. Aber es liegt weitgehend an uns, ihn mit Leben zu erfüllen.

Helmut Zöpfl

Nichts wissen

Der Ausspruch des weisen Sokrates: »Scio me nescire«, zu deutsch: »Ich weiß, dass ich nichts weiß«, wurde in ziemlich alle lateinischen Übungsbücher aufgenommen. Er eignet sich so herrlich, den AcI (den Akkusativ mit Infinitiv) einzuüben. So bleibt es nicht aus, dass zuweilen Schüler schon sehr bald Philosophen gegenüber, die mit ihren komplizierten Überlegungen das ohnehin nicht einfache Latein noch komplizierter machen, Abneigung empfinden. Philosophensprüche langweilen entweder ungeheuer oder laden zu einer geistigen Höhenwanderung ein: auch einmal hoch hinaufzusteigen, um dann von ganz weit oben auf Welt und Menschen herabzusehen. Wo gibt es einen Altphilologen in der Welt, der sich beim »Scio me nescire« noch beherrschen kann? Nichts hält ihn davon ab, dass er mit seinen Oberstuflern eine philosophische Erstbesteigung unternimmt. Oben angelangt, doziert er dann: Der Gipfel aller Weisheit liege in der Erkenntnis, dass man überhaupt nichts wisse, dass man je weiser sei, je mehr man das begriffen habe; dass aus dieser Einsicht wahre Demut spreche! Woher will er das wissen? Vielleicht war Sokrates sehr stolz darauf, dass er im Unterschied zu den vielen Dummen von sich sagen konnte, er wisse, während andere nicht einmal das wissen, dass er gar nichts weiß? Sollte man Erkenntnisse dieser Art nicht aus Klugheitsgründen ganz für sich behalten? War er sich über die psychologischen Folgen seines Ausspruchs klar? Könnte da nicht einer folgern: Wenn oben auf dem Gipfel doch nur dichter Nebel herrscht, wenn es sowieso keinen Ausblick gibt, wenn man am Ende doch nichts wissen kann, was sollen dann die Aufstiegsmühen? Mir scheint, Herr Sokrates war in höchstem Maße unvorsichtig! Er hat sich dem Missverständnis ausgesetzt, das Streben nach der Weisheit habe keinen Sinn.

Walter Rupp

Vorschule

Gestern wurde ich zufällig Zeuge eines Gespräches zwischen zwei Müttern, in dem jede das vorschulische Wissen ihres Kindes pries: »Der meine kann schon bis hundert zählen«, »Und meine liest bereits perfekt«, »Mein Kleiner lernt intensiv Englisch und kennt jetzt schon so wichtige Worte wie Hund, Katze, Wasser und so weiter.«

Oh je, da war damals bei mir als kleiner Bub leider noch kein Drandenken, obwohl … Als nach Kriegsende die Amerikaner nach Erding kamen, waren wir da etwa nicht schlau genug, Wörter wie Kaugummi, Schokolade, bitte und danke zu lernen? Aber eben etwas unsystematisch und das »th« haben wir bestimmt auch nicht ganz richtig ausgesprochen. Da sind uns die modernen Vorschulkinder um einiges überlegen, die bereits das Wasser als »water« kennenlernen, ja womöglich sogar vor Schuleintritt die chemische Bezeichnung H_2O nach dem Multiple-Choice-Verfahren richtig ankreuzen können, damit sie dann keine Zeit drauf verwenden müssen, dies später im Chemieunterricht zu lernen.

Die Zeit unserer Kinder wird heute pädagogisch sinnvoller genutzt als unsere Kinderzeit. Denn was haben wir seinerzeit gemacht? Wir haben Schifferl gebaut und sie auf dem Weiher schwimmen lassen. Sind an einem Bach gesessen, haben die Füße hineinbaumeln lassen und dem Lauf des Wassers träumerisch nachgeschaut, ohne die geografische Aufklärung, in welchem Fluss, Strom und Meer unsere Spucke landen wird, die wir ohne geringstes Umweltbewusstsein dem Bach mit auf den Weg gegeben hatten. Wir haben uns über einen kurzen Regen ohne entsprechende Schutzmaßnahmen in Form wasserdichter Kleidung gefreut, sind dann fröhlich barfuß in den entstandenen Wasserlachen herumgehüpft und haben das unvergleichliche Gefühl genossen, wenn der »Baaz« zwischen den Zehen durchquoll. Wir haben an einem heißen Tag einen Abstecher an die nahegelegene Quelle oder den Brunnen vor dem nächsten Bauernhof gemacht und dort das frische Wasser aus der hohlen Hand geschlürft. Wir lauschten den Geschichten über Wassermänner und Nixen, sangen das Lied »Ich hört ein Bächlein rauschen« und haben fromm beim Kirchenbesuch unsere Finger in den Weihwasserkessel gesteckt und ein Kreuzzeichen auf unsere Stirn gemacht.

Wie viel besser hat es da heute ein frühpädagogisch gefördertes Kind, das sich all diese Erlebnisse erspart mit der Kenntnis, dass Wasser wissenschaftlich nichts anderes ist als eine chemische Formel!

Liebe Leserinnen und Leser, ich wünsche Ihnen für den heutigen Tag dennoch ein paar ganz konkrete kleine Wasser-Erlebnisse und seien es nur der Donauwellen-Walzer, »Die Moldau« von Smetana und keine zu hohe Wasser- – Verzeihung – H_2O-Rechnung.

Helmut Zöpfl

Wissen

Der Satiriker und Essayist Karl Kraus nannte die Leute, die über ihren Wissensdurst getrunken haben, eine gesellschaftliche Plage. Diese belesenen und stets gut informierten Alleswisser haben das Bedürfnis, alles zu kommentieren. Sie werden lästig, weil sie das, was sie gierig und unkontrolliert in sich hineingeschüttet haben, als tiefe Einsichten ausspucken; weil sie immer nur wiederholen, was andere geäußert haben oder irgendwo gestanden hat, ohne einen eigenen Gedanken beizusteuern. Den Bericht, den sie gelesen, und den Vortrag, den sie gehört haben, ja alles, was zu Papier gebracht wurde, halten sie für authentisch und den, der etwas eindrucksvoll darstellt, für kompetent.

Vielen kommt es heute nur darauf an, informiert zu sein, weil sie Informiertsein mit Bildung verwechseln. Sie scheinen noch nicht erkannt zu haben, mit wie vielen Mängeln Informationen behaftet sind. Der Zeitdruck erlaubt oft nicht, die nötigen Nachforschungen anzustellen. Informationen werden häufig, weil man sich damit begnügt und nicht tiefer bohrt, zum Bildungshindernis. Nur wenige wissen, wie viel man wissen muss, um zu wissen, wie wenig man weiß! Wissen ist nur über angestrengtes Studium erreichbar. Und Studium setzt voraus, dass man weiß, wer etwas weiß, wo man nachschlagen muss und welcher Quelle man vertrauen darf. Wir alle wissen wenig. Aber von denen, die nichts wissen, sind diejenigen die angenehmeren, die es stillschweigend ertragen und von ihren Wissenslücken nicht wortreich ablenken.

Walter Rupp

Kastanien

Sie haben mich von Kindheit an immer fasziniert, diese braunen Früchte des Herbstes, die jetzt massenweise am Boden liegen. Ich kann gar nicht anders – ich muss mich bücken und ein paar dieser sich so angenehm glatt anfühlenden Bräunlinge, die sich gerade beim Aufprall auf den Boden aus ihrer so seltsam stacheligen Hülle gelöst haben, wohlig in die Hand zu nehmen und sie schließlich in die Hosentasche zu stecken. Sie sollen, so hat Sigi Sommer, wenn wir unter dem großen Kastanienbaum im Biergarten saßen, immer behauptet, übrigens gut sein für, besser gesagt: gegen Rheumatismus. Ich weiß es nicht. Jedenfalls schaden sie nicht und wecken beim Einstecken Erinnerungen an unsere einst mit den verschiedensten Kleingegenständen wie Schussern, Flaschengummis und Bindfäden gefüllten Bubenhosentaschen. Genau erinnere ich mich noch, dass die Kastanien in der ersten Klasse unserer Lehrerin als ganz wichtiges Unterrichtsmittel dienten beim Rechnen, auch bei dem ominösen Zehnerübergang. Nach den neuesten wissenschaftlichen Erkenntnissen eigentlich nicht zu glauben, wie gut und schnell wir damals in einer Klasse mit fast fünfzig Kindern Rechnen gelernt haben – ganz ohne die heute als unerlässlich angesehenen aufwendigen Lehrmittel und eine Unmenge von Arbeitsblättern. Aber vielleicht haben wir die Anfänge der doch so abstrakten Mathematik mit Hilfe unserer natürlichen Rechenhilfen – allen voran die Finger – sogar noch besser begriffen, weil eben begreifen auch über das Anlangen und Erfühlen geht. Gerade habe ich die Kastanien als Früchte bezeichnet. Irgendwie reizen sie ja zum Hineinbeißen. Aber sie schmecken bloß bitter im Gegensatz zu ihren südländischen Nahverwandten, den Maroni.
Doch sollten Sie sich heute, von mir ein wenig angeregt, nach einer Kastanie bücken, so sorgt das immerhin für eine kleine gesunde Gymnastik.

Helmut Zöpfl

87

Ruhm

Herostratos aus Ephesus, der bekannteste Pyromane des Altertums, zündete im Jahr 356 vor Christus den Artemistempel an, weil er berühmt werden und in die Geschichte eingehen wollte. – Er ging in die Geschichte ein, während der Erbauer des Artemistempels in Vergessenheit geriet.

So war es meist in der Geschichte der Menschheit: Brandstifter, Tyrannen und Eroberer hatten immer die größeren Chancen, berühmt zu werden, als Erbauer, Wohltäter, Künstler, Entdecker und Erfinder. Die Geschichtsschreiber haben sich immer mehr mit denen befasst, die in ein Land einfielen, Menschen unterdrückten, Kulturen zerstörten oder Schätze raubten als mit denen, die etwas aufbauten. Und die Menschen interessieren sich bis heute mehr für das Böse als für das Gute. Der Mensch hat nun einmal die fatale Neigung, dem Negativen eine größere Aufmerksamkeit zu schenken als dem Positiven. Er hat den Eindruck, dass die destruktiven Typen die interessanteren Menschen sind und letztlich das Geschehen der Welt bestimmen. Niemand kann erklären, warum das Böse als faszinierend und das Gute als langweilig gilt. Auch der moderne Mensch will über den Posträuber, der einen Geldtransporter überfiel, alles erfahren: die Motive, die ihn trieben, die Pläne, die er schmiedete, die Verhältnisse, aus denen er kommt, wie er sich der Verfolgung entziehen konnte und was er mit seiner Beute machte. Für den Überfallenen interessiert man sich weit weniger. Selbst religiöse Menschen greifen lieber zu Kriminalromanen als zu Heiligenbiografien.

Der Weg zum Ruhm ist kürzer und schneller über Untaten zu erreichen als über gute Taten. Wer sich für das Gute entscheidet, wird sich deshalb damit abfinden müssen, dass seine Chance, berühmt zu werden, nur gering ist.

Walter Rupp

Bücherverbrennungen

Alle Bücherverbrennungen, die man bisher mit Hilfe fanatisierter Massen in Szene setzte, und alle Versuche, die Kunstwerke unliebsamer Künstler und deren Gedankengut für immer auszurotten, haben häufig das Gegenteil erreicht, nämlich Kunstwerke, die man vielleicht nie beachtet hätte, und Autoren, die es vielleicht nie geworden wären, berühmt zu machen. Denn der Erfolg einer solchen Verbrennung war immer nur von kurzer Dauer. Die verfemten Werke, die im Feuer zu Asche geworden waren, weckten bald nach ihrer wunderbaren Auferstehung fast immer ein besonderes Interesse. Man wollte wissen, was an ihnen gefährlich, verabscheuungswürdig oder hassenswert sein sollte. Und man wollte wissen, was für ein Mensch der Autor war und weshalb man an seinen Ideen Anstoß genommen hatte.
Es gelang wohl oft in der Geschichte, Menschen gegen Künstler und Ideen aufzuhetzen, aber nicht, Menschen, die um die Bedeutung dieser geschmähten Werke wussten, daran zu hindern, dass sie nach Wegen suchten, wie man diese Werke für die Nachwelt retten kann. Größer als der Schaden, den die »Bücherhinrichtungen« angerichtet haben, war der Schaden, der entstand, wenn Kunstgegenstände und Bibliotheken von Soldaten, Revolutionären oder – wie zur Zeit der Säkularisation – von Bauern, die deren Wert nicht erkannten, als Beutegut verschleudert wurden. Man wird das, was einmal gedacht und in einem Kunstwerk festgehalten wurde, nie total ausradieren, total vergessen machen und die Spuren so verwischen können, dass nichts davon übrig bleibt. Was einmal war, lässt sich nicht mehr ungeschehen machen. Gerade diese Einsicht, dass alles, was je gedacht und geschaffen wurde, weiterlebt und weiterwirkt, müsste uns antreiben, bei allem, was wir tun, verantwortungsbewusst zu handeln.

Walter Rupp

Was Menschen über Bücher denken

»Das Auflagenglück vieler Autoren«, meinte der Schriftsteller
Roda Roda, beruhe auf dieser zeitlichen Anordnung: »dass
man ein Buch erst kauft und dann liest«, also einem Autor
einen Vorschuss an Vertrauen schenkt. – Die meisten Bücher
würden wohl nie gekauft, wenn man sie vorher lesen dürfte.
Bücher werden erworben: weil man ein Buch für ein bevor-
stehendes Examen braucht; weil der Autor einen bekannten
Namen hat; weil Aufmachung und Titel viel versprechen; weil
eine Besprechung lobend ausgefallen war; weil man das Gefühl
nicht los wird, man müsse, was alle Welt gelesen hat, auch
lesen, und mitunter aus Wissensdurst oder bloßer Lust am
Lesen.
Bücher müssen sich gefallen lassen, dass man sie bei Interviews,
um den Eindruck von Bildung und Belesenheit zu erwecken,
als Staffage, als dekorativen Hintergrund missbraucht. Würde
mancher den Inhalt der Bücher kennen, die in seinem Regal
stehen, er würde sich in ihrer Gegenwart unwohl fühlen. Mancher hält es mit ihnen nur aus, weil er nicht weiß, dass der
Autor verworrene oder verwerfliche Gedanken äußert oder
mit Spott überschüttet, was Respekt verdient. Bücher können wie die Menschen lehrreich oder geschwätzig, anregend
oder langweilig sein und angenehme oder miese Stimmungen
verbreiten, ja krank machen und Bazillenträger sein. Gut sind
nur jene Bücher, die man auch kaufen würde, nachdem man sie
gelesen hat, Bücher, zu denen man sich hingezogen fühlt, weil
sie Lebensweisheit besitzen und Bleibendes aussagen.

Walter Rupp

Was Bücher über Menschen denken

Wenn Bücher sich über Leser äußern könnten, käme wohl nicht viel Schmeichelhaftes dabei heraus. Vielleicht wären die Unterhaltungsromane mit ihren Lesern, die sich so leicht zerstreuen lassen, zufrieden. Aber die Krimis könnten ihre Verwunderung nicht verbergen, dass die Leute so viel Spaß an Gaunereien haben und davon nicht genug bekommen können. Preisgekrönte Romane würden sich beschweren, dass sie schon oft die ganze Nacht hindurch neben einem Bett lagen, weil der Leser eingeschlafen war. Die Klassiker würden sich entrüsten, dass man mit ihnen mitunter nicht viel mehr anzufangen weiß, als eine Bücherwand zu dekorieren. Und die Lyrikbände würden laut aufschreien, weil man ihnen beim Rezitieren jedes Mal von Neuem wehe tut.

Vielleicht würden Bücher, wenn sie sich äußern könnten, darauf bestehen, dass jeder, der ein Buch benutzen möchte, seine Lese-Tauglichkeit durch einen »Leseschein« nachweist. Wahrscheinlich würden sie den Lesern den Vorwurf machen, dass diese es stets zu eilig haben und wie beim Joggen von einem Satz zu einem anderen Satz springen, als ginge es darum, eine Strecke hinter sich zu bringen. Mit Sicherheit würden sie sich beschweren, dass man sie ständig missversteht und jedem raten, Wörter und Gedanken nicht hastig zu schlucken, sondern wie Früchte erst einmal in die Hand zu nehmen, sich an ihrem Anblick zu erfreuen, ehe sie der Leser langsam im Mund zergehen lässt. Viele müssten lesen lernen, obwohl sie keine Analphabeten sind.

Walter Rupp

Sag mir, wo die Kinder sind

An einem der letzten schönen Herbstsonntage mache ich mit meiner Frau einen Spaziergang im Münchner Westpark. Jedes Mal stelle ich dankbar fest, was Stadt und Land für schöne Oasen geschaffen haben und erhalten. Gleichzeitig denke ich zurück an frühere Tage, wo an vielen Wiesen Schilder standen mit »Betreten des Rasens verboten«. Die vielen gepflegten Grünflächen müssten eigentlich ein Eldorado für Kinder sein. Traurig registriere ich aber nur einen einzigen Buben, der mit seinem Vater einen Drachen steigen lässt. Noch vor Jahren schwebte über den freien Flächen eine ganze Reihe dieser bunten Himmelsvögel am Himmel. Und wie sieht es mit den spielenden Kindern aus? Ganz weit hinten sehe ich ein Mädchen mit ihrer Mutter ein Frisbee hin- und herwerfen. Ein Bub kommt mit einem Ball des Weges. Er schaut sich nach Spielgefährten um. Ohne Erfolg. Traurig trabt er von dannen. Sag mir, wo die Kinder sind! Wo sind sie geblieben?
Gerhart Polt hat vor Kurzem von der neuen Generation der »Indoor-Kinder« gesprochen. Ich habe schon vor Jahren gedichtet: »Opa und Oma rockt. Mama und Papa joggt. Der Bub hockt.« Wenn Sie heute irgendwo Kinder auf Wiesen spielen sehen, freuen Sie sich, auch wenn es etwas lauter zugehen sollte. Und lassen Sie Ihre Gedanken zurückgleiten in die Zeit, als Sie selber noch Ihre Freizeit in fröhlichem Spiel »outdoor« verbracht haben.

Helmut Zöpfl

Spielen

Wenn Friedrich Schiller recht hat, dass der Mensch nur Mensch ist, wo er spielt, dann müssen viele sich heute fragen, ob sie Mensch sind. Wir verfügen zwar über eine reiches Angebot an Spielotheken und Computerspielen. Das Internet bietet »1001 der neuesten und coolsten Spiele« an, aber die meisten leben doch nur für ihre Arbeit. Nicht wenige Erwachsene geben – in der Meinung, spielen sei eine Beschäftigung für Kinder – das Spielen mit dem Verlassen des Kindergartens auf. Und mancher schaut heute nur noch zu, wie andere spielen oder hat das Spielen zu seinem Beruf gemacht.

Der Mensch ist nicht ausschließlich für das Schaffen da, und kein »Werkzeuge schaffendes Tier«, wie Karl Marx ihn definierte. Der Kulturphilosoph Johan Huizinga beschreibt den Menschen als »homo ludens«, als das spielende Wesen. Spielen ist kein Kinderkram, sondern Teil der menschlichen Kultur. Es gehören zum Menschsein auch die Zerstreuung und der Spaß: dass man sich einem Risiko aussetzt, sich auf das nicht Berechenbare und Überraschende einlässt und daran Gefallen findet, wie man schwierige Situationen meistert oder andere mit Geschicklichkeit überlistet.

Niemand sollte sich, nur weil er sein Musikinstrument nicht mit derselben Perfektion beherrscht wie die großen Künstler und nicht zu den Höchstleistungen von Spitzensportlern fähig ist, entmutigen und vom Sport, vom Spielen oder Musizieren abhalten lassen. Niemand kann auf Dauer auf das Vergnügen und Entspannen verzichten.

Walter Rupp

Herbst

Ein Blick aus dem Fenster zeigt uns: Das Jahr geht jetzt in seine letzte Runde. »Die Blätter fallen wie von weit, als welkten in den Himmeln ferne Gärten«, sagt Rilke in seinem so großartigen Herbstgedicht. Angesichts dieses Fallens drängt sich, ob wir wollen oder nicht, jetzt mehr als sonst im Jahr die Frage auf: Was bleibt? In einem Kalender habe ich den Ausspruch von Peter Bamm gelesen: »Aus den Träumen des Frühlings wird im Herbst Marmelade gemacht.« Ganz pragmatisch gedacht: Die zarten Blüten des Frühlings sind im Sommer zu Früchten geworden. Und wir können sie auf einem Butterbrot zum Frühstück genießen. Vom Genießen spricht auch Theodor Storm, wenn er in einem seiner Gedichte sagt: »Der Nebel steigt, es fällt das Laub, schenk ein den Wein, den holden! Wir wollen uns den grauen Tag vergolden, ja vergolden!« Ja, ein wenig Melancholie, eine besondere Spätherbst-Stimmung darf aber doch sein, um uns zurückdenken zu lassen an so vieles Gute und Schöne. Es wäre zu schade, wenn wir jetzt nicht hin und wieder einmal eine kurze Bedenkzeit einlegten über Werden und Vergehen und uns dankbar ins Gedächtnis zurückholten, was uns das Jahr gebracht hat, aber auch, was wir daraus gemacht haben. Im Übrigen ganz interessant festzustellen, wie viel öfter man »bitte« statt »danke« sagt. Wir sollten vom Herbst keine Schneeglöckchen erwarten. Aber vielleicht sind die Blüten und Blumen des Frühlings und Sommers nur deswegen so schön und kostbar, weil sie verblühen und vergänglich sind. »Wer dankbar des Vergangenen gedenkt, geht voller Hoffnung in die Zukunft«, sagt Max Rößler.
Ich wünsche Ihnen, dass Sie die richtige Mischung finden von dankbarer Erinnerung und Freude am Heute. Noch einmal Theodor Storm: »Und geht es draußen noch so toll, unchristlich oder christlich, ist doch die Welt, die schöne Welt so gänzlich unverwüstlich!«

Helmut Zöpfl

94

Prediger und Redner

Die meisten Prediger und Redner haben es zu eilig. Sie predigen und reden, als ginge es darum, ihre Gedanken möglichst bald loszuwerden. Sie überschütten ihre Hörer gern mit Worten, ohne den Versuch zu machen, sie erst einmal zu gewinnen. In der Meinung, dass das, was sie so gut ausgearbeitet haben und für wichtig halten, auch andere für wichtig zu halten haben, vergessen sie, dass Hörer umworben und umschmeichelt werden möchten. Sie möchten erst angenommen werden, ehe sie bereit sind, den Redner anzunehmen. Hörer sind wählerisch. Sie hören nicht jedem gerne zu. Sie interessieren sich nicht nur für Darlegungen und für Wahrheit. Sie lassen sich nur darauf ein, wenn sie so dargeboten werden, dass sie daran Gefallen finden. Der Apostel Paulus hielt es deshalb für wichtig, den Predigern des Evangeliums nahezulegen, ihre Rede zu würzen.

Prediger und Redner sollten für die Vorbereitung ihrer Rede die gleiche Mühe aufwenden wie die Köche für die Zubereitung eines Menüs. Sie sollten bei den Köchen in die Schule gehen. Vielleicht könnten sie dort lernen, wie man eine Rede zubereitet und schmackhaft macht, ja, wie man sie garniert, denn auch das Auge will mitessen. Bei vielen Predigten und Reden hat man den Eindruck: Salz und Pfeffer hätten der Rede gut getan, und nicht selten hat man den Eindruck, dass zu viel Sahne oder Zucker den Geschmack verdorben haben. Auch eine Rede braucht ihre Zeit: Man sollte sie deshalb nie zu früh aus dem Ofen holen.

Walter Rupp

Stars und Sterne

Unsere Welt ist voller Superlative. Die Steigerungen des Wortes »gut« – also »besser«, »am besten« – genügt längst nicht mehr. Da muss schon noch ein »super«, »mega«, ein »hipp« oder »XXL« dazukommen.

Höchste Steigerungen werden gerne in Verbindung mit dem Wort Stern oder Star dargestellt. Dabei geht man häufig recht großzügig damit um. In der Filmwelt braucht man kein Oscargewinner zu sein, um als Star in der Presse aufzuleuchten. Es genügt oft schon eine Nebenrolle in einer Serie wie »Gute Zeiten, schlechte Zeiten«, um als solcher in den Gazetten aufzutauchen. Und im Sport, vor allem im Fußball, ist es ähnlich. Ein Ersatzspieler, der nur einmal in die erste Mannschaft eines Bundesligavereines hineingeschmeckt hat, wird landläufig als Fußballstar tituliert. Ebenso großzügig verteilt das Hotel- und Gaststättengewerbe Sterne. Die gutbürgerliche Gaststätte, in der man einen gepflegten Schweinsbraten bekommt, steht schon arg im Schatten eines Lokals, das mit einem Sternekoch glänzen kann.

Wie oft hört man dann den Spruch, dass eine Steigerung nicht mehr möglich ist? Was könnte als Steigerung »die längste Praline der Welt« oder »die zärtlichste Versuchung, seit es Schokolade gibt« noch übertreffen? Was mag nach dem Viersternemenue, das man bei einer Super-Mega-Galashow einnehmen kann, noch kommen? Ich weiß es: die Tafel Hersheyschokolade, die damals – gleich nach dem Krieg – in den Packerl aus Amerika von der lieben Tante Gini, Gott hab sie selig, gekommen ist. Oder die erste Banane, die mein Onkel Jakob, der Kuchen für die Amerikaner backen durfte, abgezwackt hatte. Und das allererste Steckerleis, das Jopa-Eis, das es seinerzeit auf dem Oktoberfest gab. Oder die Platzerl, die unsere Nachbarin, die Marie, regelmäßig mit dem Wenigen, das sie von ihren Verwandten auf dem Land geschenkt bekam, auf Weihnachten eigens für mich buk. All das hielte natürlich keinen Vergleich mit den heutigen Viersternespezialitäten aus, aber sie waren in der damaligen Zeit etwas ganz und gar Besonderes.

Eventuell sollten wir uns vornehmen, nicht immer nach den Sternen greifen zu wollen, und uns für den einen oder anderen Tag auf ein ganz einfaches Schmankerl freuen, eine Brotsuppe oder einen Bratapfel. Vielleicht beginne ich heute den Tag mit einem Haferl Milchkaffee, in das ich ein Brotscherzel einbrocke.

Helmut Zöpfl

Superlativ

Wie kommt eine Jury dazu, ein Model zur schönsten Frau der Welt zu erklären, obwohl sich nur einige Dutzend Models, aber nicht alle Frauen der Welt zur Wahl gestellt haben, und ohne die gesamte Menschheit nach ihrer Meinung zu fragen? Wie müssen schönste Frauen aussehen? Welche Größe, welches Gewicht und welche Haar- und Augenfarbe müssen schönste Frauen haben? Warum gibt es neben den Schönheitswettbewerben keine Wettbewerbe, bei denen die Gescheiten oder die Gesunden gegeneinander anzutreten haben? Es wäre doch höchst interessant, endlich einmal zu erfahren, wer der gescheiteste, der gesündeste oder der moralischste Zeitgenosse ist? Bei Olympischen Spielen treten doch auch seit der Antike die Athleten gegeneinander an, um herauszufinden, wer von ihnen besser und am besten ist.

Es gibt das meistgelesene, aber nicht das beste Buch. Die Bibel nennt sich bescheiden »gute Botschaft«. Man kann von Hochchinesisch als der von den meisten Menschen gesprochenen Sprache sprechen, aber nicht als der schönsten aller Sprachen. Es wird nie möglich sein, das beste Buch und den freundlichsten, gescheitesten oder humansten Menschen zu benennen.

Warum wollen wir uns nicht damit abfinden, dass wir die Maßstäbe nicht besitzen, humane Werte und geistige Fähigkeiten zu messen? – Warum sind wir überhaupt so scharf darauf, die oder den zu finden, der alle anderen überragt? Das Suchen nach dem besten Buch, der wichtigsten Erfindung, dem klügsten Menschen oder der schönsten Frau ist mindestens ebenso töricht wie das Suchen nach der wahrsten Wahrheit.

Walter Rupp

Zählen und messen

Im Sport gelten immer nur die Besten: Man interessiert sich nur für den, der am höchsten springen, am weitesten werfen, am schnellsten laufen kann oder am häufigsten über einen Gegner siegte. Es geht im Sport immer um die weiteste Marke, die schnellste Zeit und die meisten Punkte oder Tore. Die Leistungen der anderen, die vielleicht nur um einen Bruchteil von Sekunden oder um einige Millimeter schlechter waren, werden kaum beachtet.

Sportler können ihre Erfolge messen, andere Berufe tun sich mit dem Messen schwer. Vielleicht ist es Bahnbeamten, Busfahrern und Piloten möglich, die Zahl der Passagiere zu benennen, die sie ans Ziel bringen konnten. Aber Lehrer gerieten in Verlegenheit, wenn sie herausfinden wollten, was sie im Laufe eines Jahres oder in den Jahren ihrer beruflichen Tätigkeit an Wissen weitergeben konnten. Ärzte müssen sich damit abfinden, dass es darüber keine Gewissheit gibt, wie vielen Patienten sie wirklich geholfen haben und was für das Gesunden entscheidend war: ihre Therapie, ihr operativer Eingriff oder die stabile Natur des Patienten. Und ein Seelsorger wird bis zum Ende seines Lebens nie erfahren, wen er von seinen Zweifeln befreien, und wen er für den Glauben gewinnen oder gar bekehren konnte.

Wer sich am Ende seines Lebens fragt: Was habe ich in meinem Leben bewirkt?, wird darauf keine rechte Antwort finden. Er kann nur hoffen, dass ihm einiges gelungen ist, auch wenn er es nicht zählen und nicht messen kann.

Walter Rupp

Die Zeit

Der Herbst ist die Jahreszeit, in der uns vielleicht am häufigsten der Gedanke an jenes geheimnisvolle Wort »Zeit« kommt, von der der heilige Augustinus sagt, dass wir alle zu wissen glauben, was sie ist, wenn wir aber nach einer genauen Definition gefragt werden, dann tun wir uns alle sehr schwer.

Im Herbst erleben wir vor allem einen wichtigen Zeit-Aspekt: ihre Flüchtigkeit. Hugo von Hoffmannsthal sagt: »Die Zeit ist ein sonderbar Ding. Wenn man so hinlebt, ist sie rein gar nichts. Aber dann auf einmal, da spürt man nichts als sie. Sie ist um uns herum, sie ist auch in uns drinnen.«

Nicht einmal der gescheite Albert Einstein, der sich doch intensiv mit Zeit und Raum beschäftigt hat, konnte uns eine genaue Bestimmung dessen, was Zeit nun wirklich ist, geben. Vielleicht sollten wir, wie der Maler Matisse rät, vieles wieder mehr mit den Augen der Kinder sehen und mit ihren Ohren hören. Vor Jahren hat eine Erzieherin die Kinder im Kindergarten gefragt, woran sie denken, wenn sie das Wort Zeit hören. Und diese Kinder, die vielleicht noch nicht durch allzu frühes Lesen und Rechnen verbildet waren, haben Antworten wie die folgenden gegeben: »Sie ist was Schönes wie die Ferien, aber sie springt davon wie ein Hunderl.« – »Wir bekommen sie geschenkt wie die Kleider von der Oma.« – »Die Zeit kommt vom lieben Gott, von wem denn sonst? Sie fliegt fort. Meine Mama weiß auch nicht, wo die Zeit hingeht.« – »Sie ist wie der Wind. Den kann man auch nicht einfangen und einpacken.« – »Die Zeit können wir pflücken wie die Äpfel im Garten vom Opa.«

Ist das nicht ein schöner Gedanke für den neuen Herbsttag, dass wir bei aller Flüchtigkeit der Zeit sie zu etwas Besonderem machen können, indem wir einen schönen Augenblick, den uns jeder neue Tag schenkt, in seiner Kostbarkeit und Einmaligkeit erleben und genießen?

Helmut Zöpfl

Werbung

Eine gute Werbung wirbt nicht einfach für einen Erfrischungssaft, eine Sonnenschutzcreme oder Sandaletten. Sie macht auf Vorzüge aufmerksam, die einer leicht übersieht: dass ein Käse fettarm und zugleich schmackhaft ist, ein Erfrischungssaft Energien freisetzt, eine Creme neben dem Schutz vor der Sonne zu einer jugendlichen Haut verhilft und diese Sandaletten wirksam vor Ermüdung schützen. Werbestrategen meiden den Eindruck, sie wollten den Absatz einer Ware steigern und nicht Werte vermitteln: die Erhöhung der Lebensqualität, Stärkung des Selbstbewusstseins und Familienglück. Sie machen sich Sorgen um das Wohlbefinden ihrer Kunden.

Die Werbung bietet nicht nur eine Seife an, sondern Zartgefühl, nicht nur Zigaretten, sondern das Gefühl wohltuender Entspannung. Sie möchte den Menschen lebenstüchtiger machen, seinen geistigen Horizont erweitern und empfiehlt einen Kaffee, nach dessen Genuss man verantwortungsbewusst handeln kann. Ja, sie verspricht, dass alle besser leben können, vorausgesetzt, sie nehmen die Werbeangebote an.

Zuweilen gibt sich die Werbung witzig: »Seien Sie vorsichtig mit Placentubex: Sie können Mutter und Tochter nicht mehr unterscheiden«, und übersieht die Doppeldeutigkeit: Macht diese Schönheitscreme die Mutter so jung wie ihre Tochter oder die Tochter so alt wie ihre Mutter?

Manche meinen, auch die Kirche sollte werben. – Dem steht ein Hindernis im Wege: dass die Werte, die sie anbietet, in Werbespots nicht unterzubringen sind.

Walter Rupp

Zeitverschiebung

Haben Sie schon bemerkt: Wir befinden uns nicht nur in einem Klimawandel, sondern auch in einer ständigen Zeitverschiebung. Dieses Jahr waren die ersten Lebkuchen und Schokoladenikoläuse bereits zum Oktoberfest auf den Regalen zu finden; seit zwei Wochen gibt es schon Adventskalender und in den Prospekten der Großmärkte sehen wir die Bilder von buntgeschmückten Christbäumen.

Ich zähle immer wieder staunend die Tage und stelle fest, dass wir noch etliche Wochen vom 24. Dezember entfernt sind. Wann werden wohl dieses Jahr die ersten Christbäume aufgestellt werden? Den Rekord erlebte ich vor drei Jahren bei einer Zwischenlandung ausgerechnet in Istanbul, wo schon am 1. November ein großer, bunt geschmückter Weihnachtsbaum zu sehen war. Früher haben wir erst am 24. Dezember den Christbaum aufgestellt. Seit Jahren sind bei uns nun schon vor dem 1. Dezember welche zu sehen. Wann werden die ersten bereits an Allerheiligen auftauchen? Wenn das so weitergeht – und es scheint so weiterzugehen –, wird wohl bald der Trachtenzug beim Oktoberfest an Christbäumen vorbeiziehen. Und irgendwann kann man den Maibaum zum Christbaum umfunktionieren. Aber dann kommt Hoffnung auf: Wenn wir genügend lange warten, ist Weihachten ein ganzes Jahr vorgerückt und die Heilige Nacht fällt endlich wieder mit Weihnachten zusammen.

Ist es ein Zeichen unserer Zeit, dass wir verlernen zu warten? Bestimmen Ungeduld und Kommerz die Zeit? Und bestimmen nicht mehr Frühling, Sommer, Herbst und Winter das Jahr, sondern das Kaufhaus? Wo immer weniger etwas »seine« Zeit hat, kommt aber gewiss die große Langeweile des »alles jederzeit« auf. Das Eintreffen etwas »Er-Warteten« aber macht den Tag zu etwas ganz Besonderem.

Helmut Zöpfl

Papierflut

Jahrtausende hindurch waren nur einige wenige, eine Elite, des Lesens und des Schreibens kundig. Die vielen anderen waren auf das Erzählen angewiesen, wenn sie ihren geistigen Horizont erweitern wollten. Sie konnten die Möglichkeit, die ein Buch bietet, nämlich in andere Zeiten vorzudringen, nicht nutzen. Im Mittelalter schrieben Mönche in jahrelanger mühsamer Kleinarbeit alte Handschriften ab, um sie der Nachwelt zu erhalten. Unsere Zeit, in der es kaum noch Menschen gibt, die nicht lesen und nicht schreiben können, brachte ein Heer von Schreiberlingen hervor, die das Land mit beschriebenem Papier sintflutartig überschwemmen. Es gibt zu viele aufgedunsene, an Fettsucht leidende Sätze. Sätze, die zu viele Worte machen und mehr sagen, als es zu sagen gibt; als hinge der Aussagegehalt eines Satzes von der Zahl der Silben ab. Mit der Überproduktion an Sätzen und dem pausenlosen Wortausstoß kam eine neue Volkskrankheit über uns: Viele Gehirne leiden an Blähungen und Durchfall.

Heute wird in einem Jahr mehr geschrieben und gedruckt als früher in Jahrhunderten. Über hunderttausend Bücher werden jährlich hergestellt; achttausend Tageszeitungen erscheinen auf der Welt; allein im deutschen Sprachraum gibt es vierzig Illustrierte. Mancher beurteilt diesen Zustand pessimistisch, als Strafe Gottes, der in seinem Unmut über uns eine moderne Art von Sintflut schickte: diesen ständig anschwellenden Papierstrom, um uns darin zu ertränken. Mag in diesen Fluten aber auch viel Unrat treiben – sie sind kein Grund zur Panikstimmung. Diese Sintflut übersteht man allerdings auch nicht, indem man wie einst Noach eine Arche zimmert und mit unerschütterlichem Gottvertrauen wartet, bis Strom und Wolken ausgetrocknet sind. Heute muss man ein geschickter Schwimmer sein, der sich nicht vor hohen Wellen oder Strudeln fürchtet.

Walter Rupp

Der Brief

Gestern habe ich einen kleinen Brief bekommen, in dem mir eine Leserin mit einigen Zeilen für ein paar gute Gedanken gedankt hat. Ich freue mich heute noch darüber. Briefe sind für mich immer etwas Besonderes.

Traurig habe ich vor Kurzem gelesen, dass nur noch fünf Prozent aller Jugendlichen den Brief als Kommunikationsmittel benutzen. Gut, die Zeiten haben sich geändert und mit ihnen auch die Formen der Kommunikation. Obwohl: Man kommuniziert mehr denn je miteinander, man mailt, twittert, postet, wo immer man sich gerade befindet. Von mir aus.

Aber wird der Brief dadurch überflüssig? Ist es nur die nostalgische Anmerkung eines Romantikers, wenn ich feststelle, was mir Briefe bedeuteten und noch bedeuten? Wie oft hat man früher gefragt: »War die Post schon da?«, weil man sehnsuchtsvoll auf ein paar nette Zeilen gewartet hat. Das Warten ist zwar durch ein stets sendbares und Sekunden später empfangenes Mail weggefallen. Aber geht uns dadurch nicht das sehnsuchtsvolle oder auch bange Erwarten verloren? Hat nicht die Vorfreude einen ganz großen Eigenwert für ein glückliches Leben? Briefe brauchen in der Regel Zeit. Und gibt es etwas Schöneres, als zu erfahren, dass mir jemand Zeit und Mühe für ein liebes Schreiben schenkt? Außerdem: Hat man sich mit einem Brief nicht auch hin und wieder etwas vom Herzen geschrieben?

Was aber wäre die menschliche Kultur ohne Briefe? Nehmen wir etwa die in die Literaturgeschichte eingegangenen Briefe Goethes an seine jeweilige Angebetete. Ob ein paar am PC getippte Buchstaben wohl für die Nachwelt erhalten worden wären? Und kommen einem bei dem Wort »Brief« oder »Epistel« nicht auch sofort die Briefe der Apostel in den Sinn, die mit ihrer Frohbotschaft bis heute die Welt veränderten? Ich denke da im Besonderen an den unvergleichlichen Brief des Apostels Paulus an die Korinther über die

Liebe. Ob man das alles wirklich mit einer SMS hätte sagen können?

Ich für meine Person werde weiterhin Briefe schreiben und auch heute auf die Briefpost warten. Aus diesem Grund sage ich bei dieser Gelegenheit ein herzliches Dankeschön an unsere Postboten und Postbotinnen, die uns schon in aller Herrgottsfrüh bei jedem Wetter die Briefe zustellen – selbst wenn sich heute wieder einmal die eine oder andere Rechnung darunter befinden sollte.

Helmut Zöpfl

Zeichen setzen

Mein Enkel hat mich gestern gebeten, doch einmal seinen Aufsatz, den er als Hausaufgabe aufhatte, anzuschauen. Ohne auf den Inhalt näher einzugehen, ist mir als Erstes aufgefallen, dass er es mit den Satzzeichen nicht besonders genau nimmt. Sollte das eine Folge der sogenannten Rechtschreibreform sein, die meines Erachtens zu einer gewissen Beliebigkeit geführt hat? Ich komme ein wenig ins Grübeln über den Wert der einzelnen Satzzeichen: das Komma, das Struktur in die Sätze bringt, das Ausrufezeichen, welches einer Bitte oder auch einem Befehl Nachdruck verleiht; der Punkt, der etwas zum Abschluss bringt, als Schlusspunkt sogar ein absolutes Ende dokumentiert. Der Spruch »Aus, Äpfel, Amen« war für meinen Vater der verbale Ausdruck für diesen Punkt und Zeichen für das Ende einer Diskussion. Und da ist ja noch das Fragezeichen, das für mich eigentlich das interessanteste Satzzeichen ist. »Die Kindheit«, sagt Carlo Sölch, »ist eine Insel inmitten von Fragezeichen. Wie großartig, wenn Kinder ihre ersten Fragen stellen und sich gar nicht so schnell mit einer Antwort begnügen wollen.« Was wir dann oft schmunzelnd mit dem Satz quittieren: »Mei, heut fragst mir aber wieder ein Loch in 'n Bauch rein.« Heute treibt man den Kindern diese lebendige Form der Welteroberung schon früh mit dem Multiple-Choice-Verfahren aus: »Du hast mehrere Antwortmöglichkeiten. Nur eine Antwort ist richtig.« Fragen passen nicht so recht in den Lernerwerb hinein, so meint man. Sie kosten viel zu viel Zeit und bringen vom möglichst schnell zu erreichenden Lernziel ab. Dabei bezeichnet Heidegger die Frage als »die Frömmigkeit des Denkens«. Und ist es nicht schön, dass jeder Tag unseres Lebens voller Fragezeichen steckt? Natürlich suchen wir nach der einen oder anderen Antwort. Aber für den Wissbegierigen steckt jede Antwort wieder voller neuer Fragen. Wer fragt, wird immer wieder Neues entdecken!

Helmut Zöpfl

Redenschreiber

Seitdem einem Abgeordneten, der eine gewisse Position erreicht hat, ein Redenschreiber zusteht, kann er es sich leisten – was kein Experte sich erlauben kann –, schier jedes Thema zu behandeln. Er braucht seinem Redenschreiber nur das Thema und Art und Umfang seiner Rede zu nennen, dann wird der Redenschreiber ihm eine Rede nach den gewünschten Vorgaben liefern, das statistische oder wissenschaftliche Material und die Zitate oder Scherze beifügen, die das Ganze würzen. Ja, er kann sogar das Manuskript mit Hinweisen versehen, wann es angebracht ist, die Stimme zu heben und zu senken, zu lächeln, eine Pause einzulegen oder durch eine Geste zum Applaus aufzufordern.

Das Reden wurde leicht. Redenschreiber versetzen ihren Auftraggeber in die Lage, als Fachmann aufzutreten und sich ganz auf das Ablesen eines Textes zu konzentrieren. Ein Redner muss nicht mehr in Bibliotheken gehen und sich den Stoff durch Lesen von Fachzeitschriften mühsam erarbeiten. Er muss nur, um sich nicht in Schwierigkeiten zu bringen, alles tun, um Diskussionen auszuweichen. Es ist verwunderlich, über wie viele und wie verschiedene Themen sich heute Abgeordnete oder Kirchenmänner zu reden trauen: ob frühkindliche Erziehung oder Erderwärmung, Bildungspläne oder Strafvollzug, Müllverbrennung oder Rechtschreibreform, Integrationspolitik oder erneuerbare Energien. Zu alldem haben sie meist nicht nur eine Meinung, sondern auch ein Rezept.

Wenn Redner sich zu bloßen Reden(ab)lesern machen, dann ist die Frage angebracht, warum denn nicht die Redenschreiber reden? Es würde allen Hörern nützen, wenn man weniger häufig Abgeordnete, Vertreter der verschiedenen Parteien oder journalistische Kommentatoren zu Wort kommen ließe, sondern die, die sich intensiv mit einem Thema befasst haben und deshalb etwas zu sagen hätten.

Walter Rupp

Barbarazweige

Der Brauch, Barbarazweige ins Zimmer zu stellen, ist leider etwas aus der Mode gekommen. Ich selbst habe mich auch erst in etwas vorgerücktem Alter wieder darauf besonnen. Seit einigen Jahren aber schneide ich Anfang Dezember regelmäßig ein paar Zweige von einem Obstbaum und stecke sie in eine Vase. Ist es nicht etwas Großartiges, dass in dem scheinbar toten Geäst das Leben ruht und sich bereits aufmacht, für neue Blütenpracht im Frühling zu sorgen?

Da gibt es ein großartiges Gedicht von Ernst Ginsberg, das mir immer wieder ins Bewusstsein ruft, dass wir mit dem bloßen Sehen nicht die ganze Wahrheit erfassen:

> »Zur Nacht hat ein Sturm alle Bäume entlaubt,
> sieh sie an, die knöchernen Besen.
> Ein Narr, wer bei diesem Anblick glaubt,
> es wäre je Sommer gewesen.
> Und ein größerer Narr, wer träumt und sinnt,
> es könnte je wieder Sommer werden.
> Und grad diese gläubige Narrheit, Kind,
> ist die sicherste Wahrheit auf Erden.«

Barbarazweige sind, wenn sie dann an Weihnachten in voller Blüte stehen, ein wunderbares Symbol, dass das Leben eine wundersame Macht besitzt, sich immer wieder in Erscheinung zu bringen. Sie deuten aber auch darauf hin, dass es auf unsere Sorge ankommt, dem Leben Möglichkeit zur Entfaltung zu geben. So kann es ein guter adventlicher Gedanke sein, öfter einmal zu versuchen, durch ein gutes Wort oder eine kleine Geste ein wenig Wärme in die Kälte zu bringen. Ist es nicht schön, erleben zu dürfen, wie schon mit nicht allzu viel Aufwand etwas scheinbar Starres aufgetaut und womöglich gar zur Blüte gebracht werden kann?

Helmut Zöpfl

Der erste Schnee

Heute habe ich beim Blick aus dem Fenster bemerkt, dass die ersten Schneeflocken gefallen sind und weiter fallen. Kein Wunder, dass fast automatisch Bilder aus meiner Kindheit auftauchen, in der diese Flocken als Vorboten den baldigen Besuch des heiligen Nikolaus und knapp drei Wochen später den wunderbaren Heiligen Abend ankündigten. Auch Gerüche und Geräusche dieser geheimnisvollen Zeit der Erwartung tauchen wieder auf: der Duft der unvergleichlichen Platzerl der Mutter; der Geruch der frischen Tannennadeln des Adventskranzes; das von meinem dürftigen Flötenspiel begleitete Lied »Advent, Advent, ein Lichtlein brennt«; die anderen Adventslieder, die wir voller freudiger Erwartung in der Kirche gesungen haben, auch wenn es für das Bild von »Tauet, Himmel, den Gerechten, Wolken, regnet ihn herab« erst einer Erklärung des Kaplan bedurfte. Und dann höre ich in Gedanken natürlich das Glöcklein, mit dem mein Vater das Weihnachtszimmer für den Eintritt freigab mit dem Kommentar: Das Christkind sei gerade hinausgeflogen und er habe ihm bis jetzt beim Schmücken des Christbaumes helfen müssen. Die Bilder glänzen, klingen, duften noch genauso wie die Erlebnisse, obwohl sie den weiten Weg aus der Vergangenheit hinter sich haben.

Meine Gedanken werden jäh unterbrochen: Meine Frau ruft mir zu: »Hast schon rausgeschaut, es schneit. Höchste Zeit, dass wir endlich die Winterreifen hinmontieren lassen!« Ich kann es aber dann doch nicht lassen, draußen einen Schneeball zu formen und ihn mit Schwung auf einen dieser schon seit Wochen an der Wand des Nachbarhauses hängenden rot gewandeten dickbäuchigen Weihnachtsmänner zu werfen, die immer mehr unseren heiligen Nikolaus verdrängen. Habe aber leider nicht getroffen …

Helmut Zöpfl

Überlieferungen

Niemand vermag zu sagen, wie viel Wahrheit sich in einer Überlieferung verbirgt. Überlieferungen stimmen und stimmen doch nicht. Aber auch wenn nicht mehr herauszufinden ist, wie sie entstanden und ob sie sich auf Tatsachen stützen können, man sollte sie nie als reine Fantasiegebilde abtun, nur weil es dafür keine zuverlässigen Urkunden gibt. In Überlieferungen steckt – auch wenn die ursprüngliche Gestalt nicht mehr zu erkennen ist – immer ein realer Hintergrund. Nach der Überlieferung war Homer, der größte Dichter, den Griechenland hervorbrachte, blind. Das wirft manche Frage auf: Wie kam man dazu, einem Blinden so bedeutende Werke zuzuschreiben? Ja, wie kann ein Mann ohne Sehkraft, einer, dessen Wahrnehmungsfähigkeit eingeschränkt ist, Dichter sein? Kommt ein Dichter ohne Augen aus? Und kann das Hören das Sehen ersetzen?

Vielleicht muss ein Dichter blind sein! Er will ja verdichten, die Wahrheit sehen und deuten, da darf er sich nicht vom äußeren Schein gefangen nehmen lassen, von Reizen, die ihn blenden. Er muss sich dabei an die Weisung der Bergpredigt halten und bereit sein, das Auge auszureißen, wenn es ihn ärgert und den Blick auf die Wirklichkeit verstellt. Den Begriff »Blindheit« sollte man neu definieren: Denn blind ist nicht der, dessen Augenlicht erloschen ist. Blind ist der, der wahllos auf alles blickt, was es zu sehen gibt, aber das, was wahr und gut ist, nicht erkennt, und das, was sehenswert ist, nicht sieht.

Walter Rupp

Menschheits-Geschichte

Shakespeare nannte die Geschichte ein langweiliges Märchen, das von einem Idioten erzählt wird. Er, der große Dramatiker, nahm daran Anstoß, dass die Geschichtsschreiber die Geschichte, dieses einzigartige und spannungsreiche Drama, so wenig dramatisch darzustellen verstehen und den Eindruck erwecken, es gehe um die immer gleichen, sich stetig wiederholenden Ereignisse: um Feldzüge, Aufstände, Eroberungen oder Unterdrückung. Ja, Geschichte werde nur von einigen Helden gemacht, die bewundernswerte oder verabscheuungswürdige Taten vollbringen: von Fürsten, Feldherren oder Revolutionären.

Geschichte ist die Verwirklichung von Ideen und das Ergebnis gescheiterter oder gelungener Taten. Sie entsteht aus dem Zusammenwirken vieler. »Wer baute das siebentorige Theben?«, fragt Bert Brecht: »In den Büchern stehen die Namen von Königen. Haben die Könige die Felsbrocken herbeigeschleppt?« Und er fährt fort: »Der junge Alexander eroberte Indien. Er allein? Cäsar schlug die Gallier. Hatte er nicht wenigstens einen Koch bei sich? Philipp von Spanien weinte, als seine Flotte untergegangen war. Weinte sonst niemand?« Die Geschichtsschreibung hat einen Nachteil: Sie erinnert sich nur an die, die vorne auf der Bühne standen, und vergisst die vielen, die nie ins Rampenlicht getreten sind, aber die Aufführung erst ermöglicht haben.

Walter Rupp

Engel, gibt's die?

Gerade in der Advents- und Weihnachtszeit erinnert sich nicht zuletzt der Kommerz wieder an sie, die wir in unseren Kindergebeten noch so oft beim Namen nannten: »Heiliger Schutzengel mein, lass mich dir empfohlen sein ...« Der Engel, der Maria die Botschaft brachte, und der Engel, der bei der Geburt des Christkindes die Hirten zum Stall wies, die jubilierenden, Gott hochpreisenden Engel fallen uns vielleicht angesichts der kitschigen Engel ein, die weniger die Boten Gottes als vielmehr Verzierung für die Verpackung aller möglichen vorgeschlagenen Weihnachtsgeschenke wie Fernseher, Staubsauger, Parfüm und Pralinen darstellen. Sieht man von dem »boanigen Engel« in der Satire »Ein Münchner im Himmel« und dem herrlich grantigen Erzengel, dem der großartige Heino Hallhuber im »Brandner Kaspar« Gestalt gab, oder dem über München thronenden Friedensengel ab, muss man feststellen, dass Engel in unserer säkularisierten Welt wenig oder gar keinen Platz haben.
Aber ist es nicht merkwürdig, dass ausgerechnet in Science-Fiction-Filmen immer wieder Gestalten auftreten, die sich mit überirdischer Macht für das Gute einsetzen und den in Not geratenen Menschen wie Schutzengel zur Seite stehen, die im Übrigen geradezu selbstverständlich mit oder ohne Flügel fliegen können? Denken Sie etwa an Superman oder Batman. Eines unterscheidet sie allerdings von unseren altvertrauten Engeln. Sie singen und jubilieren nicht so schön. Lassen wir es also doch vielleicht lieber bei dem Satz in dem Lied »Stille Nacht«: »Hirten erst kundgemacht durch der Engel Halleluja«, was sicher besser klingt als der Kampfruf eines Superhelden.

Helmut Zöpfl

Die Muschel

Der Kirchenlehrer Augustinus erzählt von sich, ihm sei, als er beim Schreiben seines Buches über den dreieinigen Gott nicht recht weiterkam und sinnierend am Strand des Meeres spazieren ging, ein kleiner Bub aufgefallen, der immer wieder zum Strand lief, mit Hilfe einer Muschel Wasser aus dem Meer schöpfte und es dann in ein Loch goss, das er in den Sand gegraben hatte. Augustinus fragte ihn: Was machst du da, mein Kind? Und der Kleine gab zur Antwort: Ich schöpfe das Meer aus und gieße es in dieses Grube. Augustinus musste über diese kindlich naive Antwort lächeln. Doch auf einmal schoss ihm der Gedanke durch den Kopf: Versuche nicht auch ich wie dieses Kind dasselbe? Er erkannte plötzlich, dass Gott durch diesen Buben zu ihm sprach, und er sagte zu sich: Auch ich strenge mich an, Wahrheiten zu erfassen, die unfassbar sind, und Gott, der unendlich und ein undurchdringliches Geheimnis ist, in meinen kleinen, begrenzten Verstand hineinzubringen.

Die Theologen haben oft Theologie betrieben, als könnten sie, wenn sie nur fleißig spekulieren, Gott ein Geheimnis nach dem anderen entreißen, das er vor den Menschen verborgen halten will. Sie haben oft vergessen und vergessen oft, dass niemand Gott beschreiben kann, weil Gott zu groß und das menschliche Gehirn zu klein ist. Die Theologen können nur – wie das Kind am Meer – aus der Unendlichkeit Gottes ein paar Tropfen schöpfen und sie in ihre Dogmen, Katechismen und Lehrbücher gießen.

Walter Rupp

Advent: Ankunft des Herrn

Advent heißt ja eigentlich Warten auf die Ankunft des Herrn. Vielleicht wäre es ganz gut, sich Gedanken darüber zu machen, was bei uns überhaupt noch ankommt. Die Ungeduld, diese Zeitkrankheit, verhindert es oft, dass wir uns Zeit nehmen, auf ein Ankommendes zu warten. Wer sicher sein will, dass etwas ankommt, schickt es per Einschreiben und Express ab. Möglicherweise hätte Gott die Heilsbotschaft seinerzeit besser auch mit Eilboten zustellen und den Empfang mit Unterschrift bestätigen lassen. Eventuell ist das sogar der Grund, so könnte man ironisch anmerken, dass die Botschaft vom Frieden noch immer allzu wenige Menschen erreicht hat.

Manchmal ist es fraglich, inwieweit wir neben aller Ablenkung dem Ankommenden und auf uns Zukommenden überhaupt eine Chance geben, gehört und gesehen zu werden. Es kommt viel zu viel auf uns zu und es ist nicht leicht, das wahrzunehmen, worauf es doch eigentlich ankommt. Ist es frivol zu fragen, wie man heute die Ankunft des Herrn aufnehmen würde? Da wäre eventuell die Erscheinung des Weihnachtssternes, der einer astronomischen Betrachtung wert wäre. Vielleicht würde eine Klatschspalte über den VIP-Besuch irgendwelcher Royals in einem ärmlichen Stall berichten. Aber die Geburt des Erlösers würde wohl nicht einmal im Lokalteil vermerkt werden, gibt es doch in unserer Werbewelt so vieles, das uns das Heil wie Gesundheit, Schönheit und Glück verheißt.

Dabei gäbe es so vieles, das tagtäglich auf uns zukommt und unsere Aufnahmebereitschaft erfordert, nicht zuletzt vielleicht wieder einmal ein Boot voller Flüchtlinge. Damit stellt sich uns die Frage, was wir selber dazu beitragen können, damit die Herbergssuche nicht so traurig endet wie in Ludwig Thomas »Heiliger Nacht«, wo der Schriftsteller feststellt, dass sich bis heute nichts geändert hat.

Helmut Zöpfl

Stille

Jeden Tag werden wir im Advent darauf hingewiesen, dass jetzt eigentlich die »stille Zeit« sei, die »staade Zeit«, wie man in Bayern sagt. Wir wissen aber genau, dass es sich in der vorweihnachtlichen Hetze oft wie ein Hohn anhört, ausgerechnet jetzt von Stille zu sprechen, wo uns von allen Seiten Werbeangebote entgegenschallen. Vielleicht sollte man sich aber doch einmal schon morgens vornehmen, wenigstens für einige Momente doch stille zu werden. Das bestätigt uns nicht nur das alte Sprichwort, demzufolge Schweigen Gold ist. Oft findet man nur zu sich, indem man ganz still wird. Goethe gibt den Rat: »Wenn du stille wirst, wird dir geholfen.« In unserer Zeit wird es zunehmend schwerer, vom Hören zum Horchen, ja zum Hinhorchen zu gelangen; in dem über uns hereinflutenden Gerede noch einzelne Worte zu verstehen und über sie nachzudenken. Versuchen wir es, in den Geräuschen, im Lärm wieder das Kleine, Leise zu vernehmen: das Säuseln des Windes, die Melodie der Regentropfen, das Ticken einer Uhr, das Klopfen des eigenen Herzens. Da gibt es noch bairische Wörter, die dieses genaue Hinhören schön ausdrücken: Man »lust« auf etwas hin, »derhört« etwas. Aber auch die anderen Sinneswahrnehmungen brauchen Zeit und Gespür fürs Kleine, Unscheinbare: etwas »erschmecken« zum Beispiel, in dem sich Geschmacks- und Geruchssinn vereinen. Apropos »schmecken« – das lateinische Wort dafür heißt »sapere«. Und es sollte zu denken geben, dass das Wort für den Weisen »sapiens« ist, also jemand, der genau hinschmeckt.
Meister Eckhart meint: »Das ewige Wort wird nur in der Stille laut.« Eine kleine Chance zumindest sollte man dem Leiseren, den Liedern, Geschichten, Gedichten geben. Dann wird sicher auch etwas aus unserer Kindheit herüberklingen, das uns damals auf einen guten Weg gebracht hat.

Helmut Zöpfl

Lärm

In den früheren Zeiten erzeugten die Menschen Lärm, weil sie
abergläubisch waren. Sie lärmten, weil sie meinten, sie könnten
die bösen Geister mit Lärm von ihren Häusern fernhalten.
Wir Heutigen sind nicht abergläubisch und glauben nicht an
böse Geister. Wir hätten deshalb keinen Grund zu lärmen.
Aber weshalb lärmen wir dann? Vor wem möchten wir uns
schützen? Und wen möchten wir vertreiben?
Die Welt von heute wurde laut, so laut wie nie zuvor! Wir haben
mit unseren technischen Erfindungen – mit Rasenmähern,
Fahrzeugen, Düsenjets, Schweißbrennern, Schlagbohrern,
Kettensägen und Beschallungsanlagen – den Geräuschpegel
angehoben und unsere Umwelt bis zur Schmerzgrenze laut
gemacht. Mancher hat sich an diese Lärmkulisse so gewöhnt,
dass er, wenn es einmal still um ihn herum wird, sich die
Kopfhörer eines iPods in die Ohren stopft, damit er die Stille
nicht ertragen muss. Er scheint Stille mehr zu fürchten als
den Lärm.
Für manchen ist der Lärm ein Schutzschild gegen seine Ängste
oder Sorgen, oft auch gegen Erinnerungen, die er fernhalten
möchte, und nicht selten gegen das Nachdenken-Müssen: ob
man nicht andere Entscheidungen treffen oder sein Leben
nicht anders gestalten sollte. Lärm ist für manchen ein Betäu-
bungsmittel, mit dem man lästige Gedanken vertreiben oder
unterdrücken kann.
Lärm macht krank: Er übertönt zudem die Stimme des Gewis-
sens und verhindert, dass ich zu mir komme. Nur die Stille
zwingt mich dazu, dass ich mich mit den Fragen auseinander-
setze, die ich an mich stellen sollte.

Walter Rupp

Die Erde riecht gut

Ich habe gelesen, dass der deutsche Astronaut Alexander Gerst kurz nach der Landung von seinem Weltraumaufenthalt gesagt haben soll: »Die Erde riecht gut.« Ein bemerkenswerter Satz. Nach vielen Tagen in einem mehr oder weniger sterilen Raumschiff fällt dem Astronauten etwas für uns ganz und gar Selbstverständliches auf. Es ist herrlich, wieder vertraute Gerüche wahrzunehmen.

Einmal ehrlich, wann freuen wir uns überhaupt über das Geschenk unseres Geruchssinnes? Vielleicht rümpfen wir viel öfter die Nase und stellen dann fest, dass uns etwas stinkt oder dass wir den einen oder anderen nicht riechen können. Gewiss, es gibt nicht nur Wohlgerüche. Spontan denke ich an Karl Valentins schönen Satz: »Es riecht nicht alles gut, was kracht!« Aber mir fallen gerade jetzt um die Weihnachtszeit viele Sinneseindrücke ein, die ich über die Nase aufgenommen habe und die mir genauso in Erinnerung geblieben sind wie manches, das ich über Auge und Ohr empfangen habe. Da ist natürlich der Duft frischgebackener Platzerl und von Bratäpfeln, aber auch der Tannennadeln des Christbaumes oder des Weihrauches der Christmette.

Man erinnere sich: Was brachten die Heiligen Drei Könige dem Christkind an die Krippe als ganz besonderes Geschenk? Weihrauch und Myrrhe. Ich nehme mir für die nächsten Tage jedenfalls vor, nicht nur mit offenen Augen die Eindrücke wahrzunehmen, sondern auch ein wenig herumzuschnuppern, Vertrautes und Neues mit Genuss aufzunehmen und mich wie der Astronaut Gerst zu freuen, dass unser Heimatplanet Erde gut riecht.

Helmut Zöpfl

Das Schicksal der Feiertage

Die Neujahrstage sind gewöhnlich damit ausgefüllt, zu reparieren, was die Silvesternacht angerichtet hat. Die Buß- und Bettage tun sich schwer, zu erklären, wofür man büßen und beten soll. Dem Reformationstag täte es gut, wäre er weniger protestantisch und ein bisschen mehr katholisch. Die Fastenzeit hat kaum noch eine Chance, weil es medizinisch möglich wurde, den Übergewichtigen mit Hilfe von Abmagerungskuren, Ernährungsprogrammen und durch Fettabsaugen das Fasten zu ersparen. Die Oster- und Pfingstfeiertage kommen sich heute unverstanden und überflüssig vor, weil man sie auf Fernstraßen, Flughäfen oder an Stränden verbringt. Der 1. Mai ärgert sich gewöhnlich, dass Chaoten ihn zum Krawalltag machen. Allerheiligen und Allerseelen bringen die Leute wohl noch dazu, an den Gräbern der Verstorbenen zu beten, aber der Volkstrauertag weckt nur die Erinnerung, dass man Millionen sinnlos in die Kriege schickte. Am Tag der Deutschen Einheit fragt sich das deutsche Volk, ob es auf seine Geschichte stolz sein darf oder sich ihrer schämen muss. Nur Weihnachten wird wirklich geliebt und braucht keine Existenzängste zu haben. Denn für Weihnachten würden sogar die, die von Religion nichts halten, auf die Barrikaden gehen.

Wie lange werden sich unsere Feiertage noch halten können? Brauchen wir sie noch, wenn man an jedem Tag Zerstreuung haben kann, und viele mit dem Nichtstun Mühe haben? – Wir brauchen sie, damit wir Mensch sein können.

Walter Rupp

Alleinsein

Die wenigsten halten es aus, mit sich allein zu sein. Die meisten empfinden Einsamkeit als Qual, weil sie in der Einsamkeit die Entdeckung machen müssen, wie leer sie sind und dass sie sich selbst nichts zu sagen haben. Sie langweilen sich, weil sie mit ihren Sinnen und Gedanken nichts anzufangen wissen. Allein sein kann nur ein neugieriger und interessanter Mensch; einer, der sehen, hören und denken kann und in der Welt etwas entdeckt, an dem er Freude haben kann. Viele langweilen sich, weil sie selbst langweilige Typen sind und nicht gelernt haben, mit den Gaben, die ihnen geschenkt wurden, etwas anzufangen. Statt davon Gebrauch zu machen, halten sie danach Ausschau, wer sie unterhalten kann und womit sie sich zerstreuen können. Sie brauchen immer etwas, das sie von ihrem Ich ablenkt und verhindert, dass sie sich mit sich selbst beschäftigen müssen.

Oft sagen wir, als hätten wir es mit einem anderen zu tun: »Ich werfe mir vor …«, »Ich kann mir nicht verzeihen …« oder »Ich bin mit mir zu Rate gegangen«, als hätten wir ein zweites Ich, mit dem wir uns auseinandersetzen können. Jeder kann sich betrachten, als wäre er ein anderer, und sich fragen: Wer bist du eigentlich? Wie behandelst du dich selbst? Wie konntest du nur …? Wir haben oft den Eindruck, von unseren Mitmenschen vernachlässigt zu werden. Aber mehr noch als die Mitmenschen uns vernachlässigen, vernachlässigen wir uns selbst. Obwohl wir Egoisten und ichbezogen sind und zuerst an uns selbst denken, erkennen wir oft das eigene Wohl nicht.

Walter Rupp

Vom Beten

Mit einer gewissen Heiterkeit habe ich bei meinem Sonntags-
gottesdienstbesuch in einer Münchner Pfarrei bemerkt, dass man
dort einen »Gebetomat« aufgestellt hat, eine Art Beichtstuhl, in
dem man Gebete aus aller Welt hören kann. Die Pfarrei startet
zudem eine große Aktion, in der man versucht, die Bedeutung
des Gebetes wieder mehr ins Bewusstsein zu rufen.
Manchmal scheint es mir, als sei das Gebet aus der Mode
gekommen. Ist es ein Opfer der vermeintlichen Aufklärung
geworden oder passt es nicht in unsere »pluralistische« Welt?
Deshalb kann es wohl sein, dass das Tischgebet in etlichen
Kindergärten durch das geistlose »Piep, piep, piep. Wir haben
uns alle lieb. Jeder esse, was er kann, nur nicht seinen Neben-
mann« ersetzt wird. Doch auch Christen sollten über den Sinn
des Gebetes nachdenken. Versteht man das Gebet nicht allzu
oft nur als eine Beschwörungsformel und ist enttäuscht, wenn
Gott das Erbetene nicht spontan erfüllt? Es wäre schon interessant zu erfahren, wie viel mehr Bittgebete als Dankgebete
gesprochen werden.
Vielleicht bekämen wir einen neuen Zugang zum Beten, wenn
wir es vor allem als ein Gespräch mit Gott verstünden. Ist es
nicht gut, einfach mit jemand zu reden, wenn uns etwas am
Herzen liegt? Beten ist auch eine Form des Öffnens, man frisst
nicht alles in sich hinein, vertraut sich jemand an, zu dem man
Vertrauen hat. »Der Mensch wird erst am Du zum Ich«, sagt
Martin Buber. In diesem Sinne ist ein kleines Zwiegespräch
meist besser als ein Monolog mit sich selber. Ein Gebet kann
aus Not und Bedrängnis in Form eines Stoßgebetes entstehen,
aber auch ein Ausdruck der Freude sein. Ebenso möglich ist
ein kurzes Gedenken an jemand, indem wir ihn in unser Gebet
einschließen. Oder man beherzigt die Aussage von Mahatma
Gandhi: »Das Gebet ist der Schlüssel des Morgens.«

Helmut Zöpfl

Die Gebete

Wie viele Gebete die Menschheit täglich nach oben schickt, darüber gibt es keine zuverlässige Statistik. Mancher fragt sich: Hört sich Gott das alles an, alle Bitten, auch Unmutsäußerungen, Forderungen, Beschwerden, Flüche und alles Geschwätz? Ja, was hält er von den nach dem Aufwachen gesprochenen Morgengebeten? Was von dem Innehalten kurz vor dem Ins-Bett-Gehen nach dem Ausschalten des Fernsehgerätes? Und was hält er vom fernöstlichen Meditieren? Ja, wann kam das letzte Dankgebet im Himmel an? Zu der Zeit, als es den Wohlstand noch nicht gab? Und wofür meinte der Beter, dass er danken soll? Bei welchen Gebeten muss sich Gott beherrschen? Bei welchen freut er sich? Bei welchen muss er lächeln? Bei welchen hält er sich die Ohren zu?

Das morgendliche Zeitungslesen könnte, wie der Philosoph Hegel meinte, »eine Art von realistischem Morgengebet« sein, und das abendliche Fernsehen eine Art Nachtgebet. Das Gebet verlangt ja nicht den Rückzug aus der Welt, dass man abschaltet, sich in sich versenkt und das Geschehen um sich herum nicht mehr wahrnimmt. Es gab zwar immer Fromme, die Gott und Welt für unvereinbar hielten. Der Beter sollte das Gebet jedoch nicht als Fluchtversuch in eine heile Welt missbrauchen, sondern versuchen, Gott in allen Dingen zu finden, nicht nur in der Abgeschiedenheit oder im sakralen Raum, und fähig sein, sich aus dem täglichen Geschehen in der Welt den Stoff für sein Gebet zu holen.

Walter Rupp

Selbstverständlich

Wie oft hören wir an einem Tag das Wort »selbstverständlich«. Sigi Sommer hat einmal in einer wunderschönen Morgenbetrachtung darüber reflektiert, was alles gar nicht so selbstverständlich ist, beispielsweise, dass so etwas wie unser doch so komplizierter Körper jeden Tag in der Früh wieder einigermaßen funktioniert. Ganz so selbstverständlich ist es auch nicht, dass wir überhaupt ein Dach überm Kopf haben, dass uns in den kalten Wintertagen eine funktionierende Heizung wärmt. Dass unsere Müllabfuhr funktioniert und dass wir, wenn wir wollen, unsere frischen Semmeln zum Frühstück vom Bäcker bekommen.

Ich behaupte, wenn wir nicht gelegentlich über das Wort »selbstverständlich« nachdenken, wenn alles zu selbstverständlich erscheint, dann verlieren wir zunehmend an Lebensfreude. Sich Gedanken über das, was nicht unbedingt selbstverständlich ist zu machen, steigert die Lebensqualität durch eine wieder lebendiger werdende Zufriedenheit. Manchmal schaffe ich es tatsächlich, einen ganzen Tag lang genau aufzupassen und bewusst wahrzunehmen, was nicht unbedingt selbstverständlich ist. Und wenn es sich nur um eine kleine Geste handelt: ein freundliches Wort, ein fröhlicher Gruß, ein netter Anruf, ja eventuell sogar die mitunter eher routinehaft dahergesagte Bemerkung an der Supermarktkasse: »Vielen Dank und noch einen schönen Tag!« Es könnte eine interessante Beschäftigung sein, Selbstverständlichkeiten als etwa Besonderes zu entdecken, sich zu freuen und ihnen mit einer gewissen Dankbarkeit zu begegnen.

Helmut Zöpfl

Bäume im Winter

Die ersten Jahre meiner Kindheit wohnten wir in einem alten Mietsblock. Beim Blick aus dem Fenster sah ich nur wieder das nächste graue Haus. Ein Lichtblick war ein großer Baum, der in dem zementierten Hof in die Höhe ragte. Ich erinnere mich genau, wie sehnsüchtig ich die Tage erwartete, an denen sich an ihm das erste Grün zeigte. Und wie schön war es dann, als er in voller Blätterpracht den Blick auf das andere Haus verzierte. Der Baum bot auch im Herbst, wenn sich seine Blätter bunt färbten, einen fröhlichen Anblick, selbst wenn ich dann ein leises Ahnen, was Abschied bedeutet, verspürte.

Und dann stand der Baum plötzlich ohne jedes Blatt da, seine Äste schauten aus wie tote Besen. Bang hab ich mir immer wieder die Frage gestellt, ob es der Baum auch im nächsten Frühjahr schaffen würde, erneut ein grüner Lebensbaum zu werden. »Natürlich«, antwortete meine Mutter auf meine Frage, »darauf kannst du dich verlassen.« Heute weiß ich, dass dieser Baum für mich ein Bild der Hoffnung war und ich an ihm gelernt habe zu staunen, zu staunen darüber, dass aus scheinbar Erstorbenem wieder Leben wird.

Wenn ich heute im Winter eine Allee entlangschlendere, sehe ich in jedem dieser kahlen Bäume meinen Baum aus dem Hinterhof und winke ihm manchmal vertraut als dem großen Hoffnungsträger zu. Davon gibt es übrigens, wenn wir genau aufpassen, doch eine ganze Reihe: jeder Tag, der erwacht aus der Finsternis der Nacht; der Grashalm, der sich durch eine Teerdecke zwängt; der Schein einer Kerze, den alle Finsternis der Welt nicht zu löschen vermag und so fort.

Ich werde mir heute Hyazinthenzwiebeln in einem kleinen Topf besorgen und voll Freude jeden Tag mitverfolgen, wie aus ihnen eine wunderbare und noch dazu so gut riechende Blume wird. Das gibt mir immer neu Vertrauen: Das Leben ist stärker als der Tod!

Helmut Zöpfl

Die Menschheit

Die Menschheit hat eine erstaunliche Entwicklung hinter sich. Um 7000 v. Chr. lebten auf der Erde zehn Millionen Menschen, um Christi Geburt 250 Millionen, im 16. Jahrhundert waren es 450 Millionen und 1960 war die Menschheit auf drei Milliarden angewachsen. Jetzt ist sie dabei, sich zu verdoppeln. Zudem wurden allein in unserer Zeit mehr Erfindungen gemacht als in allen vorausgegangenen Jahrhunderten zusammen. Künftige Generationen werden länger leben, und dreißig Jahre für ihre Ausbildung verwenden, dreißig Jahre berufstätig sein und dreißig Jahre den Ruhestand genießen.

Alles ist in ständiger Bewegung. Die Zeit festhalten hieße, alles zur Erstarrung bringen. Hätten die nachfolgenden Generationen nicht immer gegen die bestehenden Verhältnisse revoltiert, die Menschheit würde heute noch in Höhlen wohnen. Und würden sie immer nur gegen das Erbe, gegen Traditionen und Gebräuche revoltieren, würde sie bald wieder in Höhlen wohnen müssen. Auch das Neue braucht ein Fundament, man darf es nicht auf den Trümmern des Alten errichten. Alt und Neu sollen sich ergänzen und bereichern.

Wo sind wir in der Entwicklung angelangt? Auf welcher Ziffer steht der Zeiger der Weltenuhr? Befinden wir uns noch in den Morgenstunden oder ist bereits der späte Abend angebrochen? Über Zeit und Stunde wissen wir nichts. Darüber sollen wir nichts wissen. Darüber gibt die Bibel keine Auskunft. Aber sie verspricht, dass Gott das, was er geschaffen hat, zu einem guten Ende führen wird.

Walter Rupp

Inhalt